soupes
pour tous les jours

soupes
pour tous les goûts

Sara Lewis

marabout

Publié pour la première fois en Grande-Bretagne
en 2009 sous le titre *200 super soups*.

© 2009 Octopus Publishing Group Ltd.
© 2010 Hachette Livre (Marabout) pour la traduction
et l'adaptation françaises.

Crédits photos © Octopus Publishing Group Ltd/
William Shaw, sauf les photos suivantes : Diana Miller
pp. 67, 117 ; Gareth Sambridge pp. 167, 177 ;
Ian Wallace p. 139 ; Lis Parsons p. 179 ; Sandra Lane
pp. 175, 185 ; Sean Myers p. 33 ; Simon Smith
pp. 25, 29, 47, 87, 105, 181, 207 ; Stephen Conroy
pp. 16, 79, 101, 121, 163, 193, 199 ;
William Lingwood pp. 39, 51, 191, 213, 231 ;
William Reavell pp. 21, 45, 95, 171, 187, 189, 233.

Traduit de l'anglais par Véronique Dreyfus.
Mise en pages : les PAOistes.

Pour l'éditeur, le principe est d'utiliser des papiers
composés de fibres naturelles, renouvelables,
recyclables et fabriquées à partir de bois issus de forêts
qui adoptent un système d'aménagement durable.
En outre, l'éditeur attend de ses fournisseurs de papier
qu'ils s'inscrivent dans une démarche de certification
environnementale reconnue.

ISBN : 978-2-501-06226-8
Dépôt légal : août 2010
40.2115.0/01
Imprimé en Espagne chez Impresia Cayfosa

sommaire

introduction

En ces temps d'engouement pour les bienfaits d'une alimentation saine à base de produits frais et de prise de conscience des conséquences financières et environnementales de l'énorme gaspillage de nourriture, n'est-ce pas le moment idéal de revenir aux bonnes vieilles soupes de nos grands-mères ? Non seulement les soupes maison sont délicieuses mais, en plus, elles peuvent transformer quelques restes en un véritable repas. Nettement moins chères qu'une soupe toute prête du supermarché, elles sont étonnamment rapides et faciles à préparer et se font avec toutes sortes de produits. Il suffit de mettre les ingrédients dans une casserole et de laisser mijoter.

Cet ouvrage propose des recettes de soupes pour tous les goûts, toutes les occasions et saisons : rapides à préparer après une dure journée au travail ou réconfortantes pour les journées d'hiver, elles mijotent doucement et conviennent parfaitement au repas du week-end. Des soupes distinguées avec de délicates garnitures qui charmeront vos invités et des soupes rafraîchissantes pour les chaudes journées d'été. Les possibilités de recettes et d'ingrédients sont innombrables et parfois surprenantes : traditionnels bouillons de viande ou de légumes ; soupes orientales épicées et sucrées-salées ; veloutés de légumes ; nourrissantes soupes de poisson ; grands classiques comme la soupe à l'oignon ; recettes glanées dans le monde entier, comme la réconfortante soupe juive lockshen au poulet et pâtes aux œufs ou la typique soupe indienne au curry, le mulligatawny ; ou encore le bortsch russe haut en couleur.

sortes de soupes

Bouillons Ces soupes claires représentent en elles-mêmes un repas complet que l'on peut enrichir de riz, de pommes de terre, de légumes secs et mélanger avec des cubes de légumes frais. Agrémentées, en fin de cuisson, de minuscules boulettes de pâte (les dumplings des Anglo-Saxons), elles sont plus consistantes encore.

Chowders À l'origine, cette nourrissante soupe de poisson enrichie de lait et de crème fraîche, spécialité d'Amérique du Nord, était la soupe traditionnelle des marins bretons qui l'appelaient «chaudron». Composée d'oignons légèrement dorés, de pommes de terre et de poisson fumé ou blanc, ou de poisson plat et de crustacés, elle est mijotée à feu doux dans un bouillon de poisson.

Mixées À base d'une grande diversité d'ingrédients, ces soupes, sans doute les plus populaires, sont cuites à feu doux, dans un bouillon, et mixées en fin de cuisson pour une consistance onctueuse.

Bisques Ces riches soupes de poisson sont toujours mixées, en fin de cuisson, puis enrichies de crème ou d'un mélange de crème et de lait.

Veloutés Le velouté s'épaissit et s'enrichit avec un mélange de jaune d'œuf et de crème, ajouté en fin de cuisson dans une louche de soupe chaude avant d'être incorporé à la casserole de soupe afin que l'œuf ne tourne pas. Le velouté se réchauffe à feu

doux en étant constamment remué. Il ne doit absolument pas bouillir afin que l'œuf épaississe la soupe et ne soit pas brouillé.

Potages On sert cette soupe, non mixée, sur une tranche de pain ou saupoudrée de chapelure ou bien agrémentée de riz ou de pâtes.

Consommés Le consommé est une soupe claire peu appréciée de nos jours. C'est une préparation à base de bouillon de bœuf concentré, puis filtré dans un sac à gelée avec des coquilles et du blanc d'œuf pour le débarrasser de l'écume.

bouillon maison

Les meilleures soupes sont faites à base de bouillon maison. Traditionnellement, le bouillon était préparé avec les os du repas du dimanche et parfumé de quelques épluchures de légumes et herbes aromatiques. On accommodait ainsi les restes de viande pour obtenir un repas consistant. À notre époque de férues de recyclage, réutiliser une carcasse de poulet, en apparence vide, comme base pour un délicieux repas, est plus que jamais d'actualité. Ne jetez surtout

9

pas, non plus, ces quelques légumes disparates du bac à légumes du réfrigérateur, cette carotte légèrement racornie ou ces quelques branches de céleri ramollies ou ces vieilles tiges de persil ou de coriandre. Mettez-les dans le bouillon ! Pour donner du goût, ajoutez des feuilles de laurier et du vert de poireau ou d'oignons verts et quelques grains de poivre moulus. Plus vous en ajouterez, meilleur sera le bouillon.

Le secret est de mettre tous les ingrédients dans la casserole et de porter le bouillon à ébullition, puis de réduire le feu et de laisser mijoter doucement pour que le bouillon frémisse à peine. Il mijote ainsi, à moitié couvert, à feu très doux, 2 heures ou plus si vous avez le temps, car si le feu est trop fort, le bouillon sera épais et trouble.

En fin de cuisson, goûtez le bouillon. S'il semble trop léger, retirez le couvercle et laissez 1 ou 2 heures de plus pour qu'il réduise et fasse ressortir les saveurs. Passez-le au tamis et laissez-le refroidir. Les bouillons de viande doivent être dégraissés et ne se conservent pas plus de 3 jours au réfrigérateur.

Le bouillon se congèle. Transvasez-le dans une boîte en plastique. Fermez, étiquetez et congelez 3 mois maximum. Décongelez à température ambiante ou au four à micro-ondes si vous préférez.

bouillon de poule

Préparation **10 minutes**
Cuisson **2 heures à 2 h 30**
Pour **environ 1 litre**

1 **carcasse de poulet** cuit
1 **oignon** coupé en quatre
2 **carottes** coupées
   en grosses lamelles
2 branches de **céleri**
   grossièrement coupées
1 feuille de **laurier** ou 1 **bouquet garni**
¼ de c. à c. de **sel**
½ c. à c. de **grains de poivre noir**
   grossièrement moulus
2,5 litres d'**eau froide**

Mettez la carcasse de poulet et les légumes dans une grande casserole avec le laurier, le sel et le poivre. Versez l'eau, puis portez doucement à ébullition. Écumez avec une cuillère.

Réduisez le feu et laissez frémir, à demi-couvert, 2 heures à 2 h 30 jusqu'à ce que le liquide ait réduit de moitié.

Passez le bouillon dans une grande passoire. Récupérez les fragments de viande dans la passoire et la carcasse du poulet pour la soupe, mais retirez les légumes. Placez le bouillon quelques heures ou toute la nuit au réfrigérateur.

Ôtez la fine couche de graisse du bouillon froid gélifié à l'aide d'une cuillère. Il se conserve 3 jours maximum au réfrigérateur.

Le bouillon se fait de la même façon avec une carcasse de canard, de faisan, de pintade ou une entame de jambon. Pour une

carcasse de dinde, doublez les quantités de légumes et d'eau.

Si vous n'avez pas le temps de faire du bouillon dans l'immédiat, vous pouvez congeler la carcasse de poulet au maxi-mum 3 mois, enroulée de près dans du film alimentaire, puis placée dans un sac de congélation. Décongelez-la à température ambiante puis préparez le bouillon comme ci-dessus.

bouillon de bœuf

Préparation **10 minutes**
Cuisson **4 h 20 à 5 h 20**
Pour **environ 1 litre**

2 kg d'**os de bœuf**, d'**os à moelle**
  et des **côtes**
2 tranches épaisses de **poitrine fumée**
  coupées en dés
2 **oignons** coupés en quatre, avec la peau
2 **carottes** coupées en grosses rondelles
2 branches de **céleri** coupées
  en grosses rondelles
1 **navet** coupé en dés (facultatif)
2 feuilles de **laurier**, brins de **romarin**
  ou de **sauge**
¼ de c. à c. de **sel**
½ c. à c. de **poivre noir** grossièrement moulu
3,6 litres d'**eau froide**

Faites chauffer doucement les os et la poi-trine fumée, 10 minutes, dans une grande casserole jusqu'à ce que la moelle com-mence à fondre, en remuant de temps en temps.

Ajoutez les légumes et faites revenir 10 mi-nutes en remuant.

Ajoutez le laurier et les herbes, le sel et le poivre, puis versez l'eau et portez dou-cement à ébullition. Écumez avec une écumoire, puis réduisez le feu et laissez mi-joter doucement 4 à 5 heures, à demi-cou-vert, le temps de réduire le liquide de moitié.

Passez dans une grande passoire au-dessus d'un pichet. Laissez refroidir, puis placez au réfrigérateur toute la nuit. Dé-graissez. Conservez au réfrigérateur 3 jours maximum.

Si vous avez l'habitude de cuisiner la viande de bœuf sans os, procurez-vous des os auprès de votre boucher. Il vous les donnera peut-être gratuitement. Pour faire le bouillon, utilisez-les crus. Le bouillon d'agneau se prépare de la même façon à partir d'os cuits ou crus.

bouillon de poisson

Préparation **10 minutes**
Cuisson **45 minutes**
Pour **environ 1 litre**

1 kg de **parures de poisson**
  (têtes, arête centrale, queues,
  têtes et peaux de crevettes)
1 **oignon** coupé en quatre
2 blancs de **poireaux** coupés en rondelles
2 **carottes** coupées en grosses rondelles
2 branches de **céleri** coupées
  en grosses rondelles
1 brin de **thym**
1 feuille de **laurier**
quelques tiges de **persil**
½ c. à c. de **poivre blanc** grossièrement moulu
¼ de c. à c. de **sel**
1,5 litre d'**eau froide**
300 ml de **vin blanc sec** ou d'**eau** en plus

Rincez les restes de poisson à l'eau froide dans une grande passoire, égouttez-les, puis mettez-les dans une grande casserole avec les autres ingrédients.
Portez doucement à ébullition. Écumez avec une écumoire. Couvrez et laissez mijoter, à découvert, 30 minutes.
Passez le bouillon au tamis, puis remettez-le dans la casserole et laissez mijoter de nouveau, à découvert, 15 minutes environ, jusqu'à ce que le liquide ait réduit de moitié. Laissez refroidir puis conservez au réfrigérateur 3 jours maximum.

Si vous utilisez des têtes de poisson, ne les laissez pas cuire plus de 30 minutes dans le bouillon car elles lui donneraient un goût amer.

bouillon de légumes

Préparation **10 minutes**
Cuisson **1 h 05**
Pour **environ 1 litre**

1 c. à s. d'**huile d'olive**
2 **oignons** grossièrement coupés
2 blancs de **poireaux** grossièrement coupés
4 **carottes** coupées en grosses rondelles
2 branches de **céleri** coupées
  en grosses rondelles
100 g de **champignons** en lamelles
4 **tomates** grossièrement coupées
1 petit **bouquet garni**
½ c. à c. de **grains de poivre noir**
  grossièrement moulus
¼ de c. à c. de **sel**
1,8 litre d'**eau froide**

Faites chauffer l'huile d'olive dans une grande casserole, ajoutez les légumes et faites revenir 5 minutes.
Ajoutez les tomates, le bouquet garni, le poivre et le sel. Versez l'eau, portez lentement à ébullition, puis couvrez à demi et laissez mijoter doucement pendant 1 heure.
Versez dans une passoire au-dessus d'un pichet. Laissez refroidir. Conservez au réfrigérateur 3 jours maximum. Remplacez 150 ml d'eau par du vin blanc ou du cidre sec, s'il vous en reste une bouteille ouverte.

Choisissez et assortissez les légumes selon vos réserves. Du fenouil coupé ou du céleri, épluchés et coupés en cubes, apportent un petit goût particulier ; ½ poivron orange et quelques champignons secs conviennent également très bien.

bouillons cube et bouillons tout prêts

Du temps de nos grands-mères, il était inimaginable de faire de la soupe avec des bouillons cube. De nos jours, où l'on jongle entre le travail et la vie de famille, les façons de gagner du temps sont précieuses. Il est rare de préparer suffisamment de bouillon pour tous nos besoins et, bien qu'il soit pratique d'avoir quelques sacs de bouillon au congélateur, il est fréquent de tricher en utilisant des produits tout prêts.

Certes, il n'y a aucun mal à utiliser des bouillons cube, mais certaines soupes ne supportent que du bouillon maison, comme la soupe de laitue glacée (page 74), la vichyssoise au fenouil (page 64) ou les consommés clairs, tels le bouillon de tortellini italien (page 208) ou la soupe de poulet au lockshen (page 214).

L'intensité du goût des bouillons cube du commerce est très variable. Choisissez donc des produits avec peu de sel et ajoutez un peu plus d'eau pour que le goût ne soit pas trop fort.

Certains supermarchés proposent aujourd'hui du bouillon surgelé au goût plus authentique, que vous pouvez utiliser pour des soupes spéciales comme la bisque de crabe (page 132) ou la soupe à l'oignon (page 226). Ils coûtent plus cher mais leur goût est bien plus proche du véritable bouillon.

lancez-vous !

Les soupes constituent un repas tellement réconfortant et satisfaisant que c'est une bonne idée d'en congeler des parts individuelles pour les fois où vous n'auriez pas le temps de cuisiner. Ainsi, au lieu de toujours manger un sandwich au travail, pourquoi ne pas emmener une portion de soupe congelée à réchauffer vite fait au four à micro-ondes.

Si vous n'avez pas suffisamment de boîtes en plastique, glissez un sac de congélation dans un moule à cake, versez-y la soupe, puis fermez en faisant sortir autant d'air que possible. Une fois la soupe congelée, retirez le sac de congélation du moule à cake, en le passant sous l'eau froide. La soupe se range ainsi aisément au congélateur. N'oubliez pas de l'étiqueter et de la dater.

réchauffer

Ne réchauffez un plat qu'une seule fois. Si vous pensez que la famille se servira de soupe à différents moments, ne prenez que la quantité voulue et réchauffez-la bien dans une casserole plus petite ou au four à micro-ondes et conservez le reste au réfrigérateur. Si vous souhaitez ajouter du liquide, attendez que la soupe soit bien chaude car elle redevient liquide en chauffant. Si la recette contient des œufs ou de la crème, attention à ne pas la faire bouillir trop vite car les œufs risquent de tourner au lieu de donner une consistance onctueuse. Tournez souvent afin qu'elle chauffe uniformément.

touche finale

Crème fraîche Ajoutez une cuillerée de crème fraîche épaisse ou de yaourt entier dans un bol de soupe mixée. Vous pouvez aussi glisser un cure-dents sur la crème fraîche pour obtenir un aspect ondulé, ou bien disperser des herbes sur le yaourt.

Herbes aromatiques Quelques herbes fraîches finement ciselées suffisent à agrémenter une soupe mixée comme une vichyssoise au fenouil. Vous pouvez faire revenir une poignée de feuilles de sauge, de basilic ou de persil quelques secondes à la poêle pour une garniture croustillante. Pour donner une touche tonique à votre soupe, saupoudrez-la de gremolata (mélange de persil ciselé, de zeste de citron et d'ail) ou de salsa verde (mélange d'herbes ciselées, d'anchois, d'ail et d'huile d'olive). Vous pouvez aussi l'arroser, à la dernière minute, d'huile aromatisée faite maison ou de tricher en ajoutant une petite cuillerée de pesto tout prêt.

Zeste d'agrumes De minuscules lanières de zeste de citron, citron vert ou orange dispersées sur la soupe lui apporteront une saveur délicatement soutenue. Utilisez une râpe fine.

Saupoudrage épicé De la noix de muscade râpée, du poivre en grains grossièrement moulu, quelques piments secs émiettés rehaussent le goût, et le paprika ou le curcuma la couleur.

Beurre et huile aromatisés Mélangez un peu de beurre avec du bleu émietté, des anchois et du piment, de l'ail, du zeste de citron ou des herbes fraîches. Donnez-lui une forme de bûche, mettez-le au réfrigérateur, puis tranchez-le et ajoutez-en une tranche dans la soupe juste avant de servir. Les sauces à base de mayonnaise apportent également une bonne touche finale : avec de l'ail pour faire un aïoli, du piment pour faire de la rouille ou du zeste et du jus de citron pour donner une fraîcheur citronnée.

Glaçons Entiers ou pilés, ils donneront de la texture aux soupes froides.

Croûtons Faites revenir une tranche ou des cubes de pain (½ tranche par bol) dans un mélange de beurre et d'huile de tournesol ou dans de l'huile d'olive. Égouttez-les sur du papier absorbant, puis déposez-les sur la soupe au moment de servir. Vous pouvez aussi parfumer les coûtons à l'ail ou aux épices. Frottez le pain avec une gousse d'ail coupée en deux ou tartinez-le d'un peu de tapenade, de pesto ou de bleu. Vaporisez légèrement des croûtons d'huile d'olive avant de les passer au four.

soupes
rapides

soupe de tomates au balsamique

Pour **6 personnes**
Préparation **25 minutes**
Cuisson **20 minutes**

750 g de **tomates**
2 c. à s. d'**huile d'olive**
1 **oignon** grossièrement
  haché
1 **pomme de terre**
  de 200 g, coupée
  en cubes
2 gousses d'**ail** émincées
  (facultatif)
750 g de **bouillon**
  de légumes ou **de poule**
  (pages 13 et 10)
1 c. à s. de **concentré**
  de tomates
1 c. à s. de **sucre brun**
4 c. à c. de **vinaigre**
  balsamique
1 petit bouquet de **basilic**
sel et **poivre**

Coupez les tomates en deux. Passez-les sous le gril avec un filet d'huile d'olive dans un plat tapissé de papier d'aluminium, côté coupé vers le bas. Laissez-les griller 4 à 5 minutes, le temps que la peau soit craquelée et brunie. Pendant ce temps, faites revenir l'oignon, la pomme de terre et l'ail 5 minutes dans le reste d'huile, en remuant.

Épluchez les tomates et coupez-les grossièrement, puis ajoutez-les à l'oignon et à la pomme de terre avec les sucs de cuisson, puis incorporez le bouillon, le concentré de tomates, le sucre et le vinaigre. Ajoutez la moitié du basilic, assaisonnez et portez à ébullition. Couvrez et laissez mijoter 15 minutes.

Moulinez la moitié de la soupe, par petites quantités, dans un blender. Reversez dans la casserole avec le reste de soupe et réchauffez le tout. Assaisonnez, puis servez dans des bols, garni du reste de feuilles de basilic, et servez avec des torsades au parmesan.

Pour réaliser les torsades au parmesan, étalez une pâte feuilletée toute prête. Enduisez-la de jaune d'œuf battu, puis de 3 cuillerées à café de pesto de tomate ou de basilic, poivrez et parsemez de 4 cuillerées à soupe de parmesan râpé. Couvrez avec une seconde pâte feuilletée. Enduisez le dessus avec un peu de jaune d'œuf battu. Découpez des lanières d'environ 1 cm de large. Torsadez-les en tire-bouchon et pressez les extrémités pour qu'elles ne se défassent pas. Faites cuire 10 minutes dans un four préchauffé à 200 °C. Servez chaud.

haricots noirs et nouilles soba

Pour **4 personnes**
Préparation **10 minutes**
Cuisson **15 minutes**

200 g de **nouilles soba**
   japonaises déshydratées,
   au blé complet
2 c. à s. d'**huile d'arachide**
   ou **végétale**
1 botte d'**oignons verts**
   émincés
2 gousses d'**ail**
   grossièrement hachées
1 **piment rouge** épépiné
   et émincé
4 cm de **gingembre** frais,
   épluché et râpé
125 g de **sauce aux haricots
   noirs**
750 g de **bouillon
   de légumes** (page 13)
200 g de **pak choi** ou
   de **jeunes choux chinois**
2 c. à c. de **sauce soja**
1 c. à c. de **sucre semoule**
50 g d'**arachides**
   avec leur cosse

Faites cuire les nouilles 5 minutes environ dans une casserole d'eau bouillante jusqu'à ce qu'elles soient tendres.

Pendant ce temps, faites chauffer l'huile dans une poêle et faites revenir doucement les oignons verts et l'ail 1 minute.

Ajoutez le piment rouge, le gingembre, la sauce aux haricots noirs et le bouillon de légumes, puis portez à ébullition. Incorporez le pak choi ou les choux chinois, la sauce soja, le sucre semoule et les arachides. Réduisez le feu et laissez mijoter doucement à découvert pendant 4 minutes.

Égouttez les nouilles et répartissez-les dans les bols individuels. Versez la soupe et servez sans attendre.

Pour une soupe au bœuf et aux haricots noirs,

réduisez la quantité de nouilles à 125 g et faites-les cuire comme ci-dessus. Pendant ce temps, faites revenir les oignons verts, puis ajoutez le piment rouge, le gingembre, la sauce aux haricots noirs et le bouillon. Portez à ébullition, puis ajoutez les légumes verts, la sauce soja et le sucre. Faites cuire 2 minutes comme ci-dessus. Ôtez le gras d'un filet de bœuf de 250 g, coupez-le en fines lamelles et ajoutez-le à la soupe. Faites cuire 2 minutes de plus, puis transvasez dans les bols individuels avec les nouilles.

soupe aux fèves et au chorizo

Pour **6 personnes**
Préparation **20 minutes**
Cuisson **20 minutes**

2 c. à s. d'**huile d'olive**
1 gros **oignon** grossièrement haché
500 g de **pommes de terre** coupées en cubes
150 g de **chorizo** coupé en dés
300 g de **fèves** surgelées
4 **tomates** coupées en dés
1,5 litre de **bouillon de poule** (page 10)
sel et **poivre**
feuilles de **basilic** pour décorer

Toast à la tapenade
12 tranches de **pain de campagne**
2 gousses d'**ail** coupées en deux
4 c. à s. de **tapenade d'olive verte** ou **noire**

Faites chauffer l'huile d'olive dans une grande casserole, puis faites revenir l'oignon, les pommes de terre et le chorizo pendant 5 minutes, en remuant régulièrement.

Incorporez les fèves, les tomates et le bouillon de poule, assaisonnez et portez à ébullition. Couvrez et laissez mijoter 15 minutes jusqu'à ce que les légumes soient tendres.

Écrasez grossièrement une partie des pommes de terre à la fourchette pour épaissir la soupe. Goûtez et rectifiez l'assaisonnement.

Faites griller les tranches de pain des deux côtés puis frottez un côté avec les gousses d'ail coupées en deux et tartinez de tapenade. Versez la soupe dans des bols individuels et ajoutez les toasts à la tapenade, puis agrémentez de feuilles de basilic.

Pour une tapenade d'olive verte maison, dénoyautez 250 g d'olives vertes puis hachez-les finement dans un hachoir avec 1 petit bouquet de basilic frais, 2 gousses d'ail, 2 cuillerées à café de câpres égouttées, 4 cuillerées à soupe d'huile d'olive et 1 cuillerée à soupe de vinaigre de vin blanc. Vous pouvez aussi servir cette tapenade avec des crudités ou mélangée avec des pâtes. S'il en reste, conservez-la 2 semaines au réfrigérateur dans un petit pot, la surface protégée d'un peu d'huile d'olive.

soupe au céleri-rave et aux pommes

Pour **6 personnes**
Préparation **10 à 15 minutes**
Cuisson **20 à 25 minutes**

25 g de **beurre**
ou de **margarine**
1 **céleri-rave** de 500 g,
épluché et grossièrement
râpé
3 **pommes** épluchées,
évidées et hachées
1,2 litre de **bouillon**
de poule ou **de légumes**
(pages 10 et 13)
1 pincée de **piment**
de Cayenne, ou plus
selon votre goût
sel

Pour servir
2 à 3 c. à s. de **pommes**
coupées en petits dés
paprika

Faites fondre le beurre ou la margarine dans une grande casserole et faites revenir le céleri-rave et les pommes 5 minutes à feu moyen.

Ajoutez le bouillon et le piment de Cayenne, puis portez à ébullition. Réduisez le feu, couvrez et laissez mijoter 15 à 20 minutes jusqu'à ce que le céleri-rave et les pommes soient tendres.

Moulinez finement le mélange dans un blender ou un robot de cuisine, puis transvasez dans une casserole propre, ou bien passez la soupe au tamis. Réchauffez à feu doux. Assaisonnez selon votre goût et servez dans des bols avec les pommes coupées en tout petits dés et un peu de paprika.

Pour une soupe au céleri-rave et à l'ail grillé, coupez 2 têtes d'ail en deux et faites-les griller 15 minutes au four, préchauffé à 200 °C, arrosées d'un peu d'huile d'olive. Faites chauffer le beurre dans une casserole comme ci-dessus et faites revenir 5 minutes le céleri-rave et 1 oignon haché à la place des pommes. Ôtez l'ail de sa peau parcheminée, ajoutez-le au céleri-rave avec 1 litre de bouillon de légumes, du sel et du piment de Cayenne. Laissez mijoter comme ci-dessus. Moulinez, réchauffez avec 150 ml de lait, puis servez avec un peu de crème fraîche épaisse dans chaque bol.

soupe au brocoli et aux amandes

Pour **6 personnes**
Préparation **15 minutes**
Cuisson **15 minutes**

25 g de **beurre**
1 **oignon** grossièrement
 haché
500 g de **brocoli** détaillé
 en bouquets, les tiges
 coupées en rondelles
40 g d'**amandes en poudre**
900 ml de **bouillon**
 de légumes ou **de poule**
 (pages 13 et 10)
300 ml de **lait**
sel et **poivre**

Garniture
15 g de **beurre**
6 c. à s. de **yaourt nature**
3 c. à s. d'**amandes effilées**

Faites chauffer le beurre dans une casserole.
Faites-y revenir l'oignon 5 minutes à feu doux, le temps qu'il soit tout juste tendre. Incorporez le brocoli en l'enduisant de beurre, puis ajoutez les amandes en poudre et le bouillon. Salez et poivrez légèrement.

Portez à ébullition puis couvrez et laissez mijoter 10 minutes jusqu'à ce que le brocoli soit tout juste tendre et encore bien vert. Laissez refroidir légèrement, puis moulinez au robot de cuisine jusqu'à ce que la soupe soit parsemée de points verts.

Versez la purée dans la casserole et incorporez le lait. Réchauffez puis goûtez et rectifiez l'assaisonnement. Faites chauffer 15 g de beurre dans une poêle et faites revenir les amandes quelques minutes, en remuant jusqu'à ce qu'elles soient dorées. Servez la soupe dans des bols avec une cuillerée de yaourt, puis saupoudrez d'amandes effilées.

Pour une soupe de brocoli au bleu, supprimez les amandes et faites cuire comme ci-dessus en ajoutant 125 g de bleu émietté lorsque vous réchauffez la soupe. Tournez pour l'aider à fondre, puis versez la soupe dans des bols individuels et émiettez un peu de fromage dessus ainsi que du poivre noir grossièrement moulu.

minestrone

Pour **4 personnes**
Préparation **5 minutes**
Cuisson **25 minutes**

2 c. à s. d'**huile d'olive**
1 **oignon** émincé
1 gousse d'**ail** écrasée
2 branches de **céleri**
1 **poireau** émincé
1 **carotte** coupée
en rondelles
400 g de **tomates** coupées
en morceaux
600 ml de **bouillon**
de poule ou **de légumes**
(pages 10 et 13)
1 **courgette** coupée en dés
½ petit **chou** coupé
en lanières
1 feuille de **laurier**
75 g de **haricots blancs**
en boîte
75 g de **spaghettis** cassés
en petits tronçons
ou de **petites pâtes**
1 c. à s. de feuilles de **persil**
plat ciselé
sel et **poivre**
parmesan râpé pour servir

Faites chauffer l'huile d'olive dans une grande casserole. Ajoutez l'oignon, l'ail, le céleri, le poireau et la carotte puis faites revenir 5 minutes à feu moyen en remuant de temps en temps. Ajoutez les tomates, le bouillon, la courgette, le chou, le laurier et les haricots. Portez à ébullition et laissez mijoter 10 minutes.

Ajoutez les pâtes et assaisonnez à votre goût. Mélangez bien et faites cuire encore 8 minutes. Continuez à remuer pour éviter que la soupe n'attache au fond de la casserole. Juste avant de servir, ajoutez le persil et mélangez bien. Versez dans des bols et servez avec du parmesan râpé.

Pour un minestrone avec de la roquette et du pesto de basilic, faites la soupe comme ci-dessus, puis versez-la dans des bols. Ajoutez du pesto préparé avec 25 g de feuilles de roquette ciselées, 25 g de feuilles de basilic ciselées, 1 gousse d'ail et 25 g de pignons de pin. Mélangez avec 2 cuillerées à soupe de parmesan fraîchement râpé, un peu de sel et de poivre et 125 ml d'huile d'olive. Sinon, moulinez tous les ingrédients au robot de cuisine.

crème de poireau et petits pois

Pour **6 personnes**
Préparation **15 minutes**
Cuisson **20 minutes**

2 c. à s. d'**huile d'olive**
375 g de **poireaux** bien
   nettoyés et coupés
   en rondelles
375 g de **petits pois**
   fraîchement écossés
   ou surgelés
900 ml de **bouillon**
   de légumes ou **de poule**
   (pages 13 et 10)
1 petit bouquet de **menthe**
150 g de **mascarpone**
le **zeste** râpé de 1 petit **citron**
sel et **poivre**

Pour décorer
feuilles de **menthe** (facultatif)
lanières de **zeste de citron**
   (facultatif)

Faites chauffer l'huile d'olive dans une casserole, ajoutez les poireaux et remuez pour les mélanger avec l'huile. Faites revenir 10 minutes à feu doux, en tournant de temps en temps, jusqu'à ce qu'ils soient tendres mais pas dorés. Incorporez les petits pois et faites cuire rapidement.

Versez le bouillon dans la casserole, salez et poivrez légèrement puis portez à ébullition. Couvrez et laissez mijoter 10 minutes à feu doux.

Versez la moitié de la soupe dans un blender, ajoutez la menthe et moulinez. Remettez la soupe mixée dans la casserole. Mélangez le mascarpone avec la moitié du zeste de citron et réservez le reste pour la garniture. Versez la moitié de la préparation dans la soupe et faites chauffer en remuant. Goûtez et assaisonnez si besoin. Versez la soupe dans des bols avec le mascarpone restant et décorez avec le reste de zeste de citron. Garnissez de petites feuilles de menthe et de lanières de zeste de citron enroulées.

Pour une soupe aux poireaux, petits pois et cresson, utilisez 175 g de petits pois et ajoutez 1 bouquet de cresson grossièrement haché. Faites cuire dans 600 ml de bouillon puis, au lieu d'ajouter le mascarpone, incorporez 150 ml de lait et 150 ml de crème fraîche épaisse. Ajoutez un peu de crème à la fin avec de fines tranches de lard grillées et croustillantes.

soupe pimentée haricots-poivrons

Pour **6 personnes**
Préparation **20 minutes**
Cuisson **30 minutes**

2 c. à s. d'**huile de tournesol**
1 gros **oignon** émincé
4 gousses d'**ail** émincées
2 **poivrons rouges**,
  épépinés et coupés en dés
2 **piments rouges**,
  épépinés et émincés
900 ml de **bouillon
  de légumes** (page 13)
750 g de **jus de tomate**
  ou de **passata**
1 c. à s. de **concentré
  de tomates**
1 c. à s. de **purée
  de tomates séchées**
2 c. à s. de **sauce
  au piment doux**
400 g de **haricots rouges**
  en boîte, égouttés
2 c. à s. de feuilles
  de **coriandre** ciselées
sel et **poivre**
75 ml de **crème aigre**
  ou de **crème fraîche**
  + un peu pour servir
  (facultatif)

Faites chauffer l'huile de tournesol dans une grande casserole et faites dorer l'oignon et l'ail, sans les faire brunir. Incorporez les poivrons et les piments et faites revenir quelques minutes. Incorporez le bouillon de légumes et le jus de tomate ou la passata, le concentré de tomates, la purée de tomates séchées, la sauce au piment doux, les haricots et la coriandre. Portez à ébullition, couvrez et laissez mijoter 20 minutes.

Laissez refroidir légèrement, puis réduisez en purée avec un mixeur ou bien passez au tamis. Versez dans la casserole et assaisonnez selon votre goût, avec davantage de sauce au piment si vous préférez. Portez à ébullition, puis servez dans des bols. Incorporez un peu de crème aigre dans chaque bol et servez avec des tortillas chips, une petite cuillerée de crème aigre et du zeste de citron vert.

Pour une soupe aux piments, aubergines et poivrons, faites chauffer 2 cuillerées à soupe d'huile de tournesol dans une casserole, ajoutez 1 aubergine coupée en dés en même temps que l'oignon et l'ail et faites-la légèrement brunir, puis ajoutez les poivrons et le piment. Ajoutez 600 ml de bouillon, puis le jus, le concentré de tomates et la purée de tomates séchées ainsi que la sauce au piment. Omettez les haricots rouges et ajoutez 1 petit bouquet de basilic à la place. Mixez ou passez la soupe au tamis, comme ci-dessus, et adaptez la consistance en ajoutant un peu de bouillon si nécessaire.

stracciatela

Pour **6 personnes**
Préparation **5 minutes**
Cuisson **4 à 6 minutes**

1 litre de **bouillon de poule**
(page 10)
4 **œufs**
25 g de **parmesan**
fraîchement râpé
+ un peu pour servir
2 c. à s. de **chapelure**
¼ de c. à c. de **noix
de muscade** râpée
sel et **poivre**
feuilles de **basilic**

Versez le bouillon de poule dans une casserole et portez à ébullition. Réduisez le feu, puis faites revenir 2 à 3 minutes. Battez les œufs dans un bol avec le parmesan, la chapelure et la noix de muscade puis assaisonnez. Incorporez progressivement 2 louches de bouillon chaud dans les œufs.

Réduisez le feu sous la casserole, puis incorporez doucement les œufs battus au bouillon en remuant jusqu'à ce que le mélange soit onctueux. Maintenez à température moyenne car si la soupe bout, les œufs risquent de brouiller. Laissez mijoter doucement 2 à 3 minutes pour que la soupe soit bien chaude.

Déchirez les feuilles de basilic et ajoutez-les à la soupe. Servez dans des bols. Râpez du parmesan par-dessus.

Pour une soupe à l'œuf poché, faites chauffer 1,2 litre de bouillon comme ci-dessus, puis ajoutez ½ cuillerée à café de sucre semoule et 1 cuillerée à soupe de sauce soja. Battez 2 œufs dans un bol. Remuez le bouillon avec un mouvement circulaire, puis faites glisser les œufs battus entre les dents de la fourchette bien au-dessus de la soupe de façon qu'ils tombent en gouttelettes dans le tourbillon du bouillon. Laissez reposer 1 ou 2 minutes, le temps pour les œufs de prendre, puis versez dans des bols. Garnissez d'oignon vert émincé et d'un peu de coriandre ciselée ou de piment vert.

soupe de courgette à la gremolata

Pour **6 personnes**
Préparation **15 minutes**
Cuisson **25 minutes**

25 g de **beurre**
1 **oignon** émincé
250 g de **courgette**
   coupée en dés
1 branche de **céleri**
   coupée en dés
2 gousses d'**ail** émincées
75 g de **riz arborio**
1,2 litre de **bouillon**
   de poule ou de **légumes**
   (pages 10 et 13)
150 ml de **vin blanc sec**
2 **œufs** battus
1 c. à s. de **parmesan**
   fraîchement râpé
sel et **poivre**

Gremolata
1 petit bouquet de **basilic**
1 petit bouquet de **persil**
2 c. à c. de **câpres**
le **zeste** râpé de 1 **citron**

Faites chauffer le beurre dans une casserole, puis faites fondre l'oignon doucement pendant 5 minutes. Incorporez la courgette, le céleri et l'ail et faites revenir rapidement, puis ajoutez le riz.

Versez le bouillon et le vin. Salez, poivrez et laissez mijoter 15 minutes en remuant de temps en temps.

Quand le riz est cuit, retirez la casserole du feu et laissez refroidir légèrement. Battez les œufs avec le parmesan, puis incorporez progressivement 1 louche de bouillon chaud. Versez ce mélange dans la casserole et mélangez bien. Faites chauffer doucement jusqu'à ce que la soupe ait épaissi, sans bouillir, afin que les œufs ne soient pas brouillés.

Coupez finement les ingrédients de la gremolata et mélangez-les. Versez la soupe dans des bols et garnissez de gremolata.

Pour une soupe de courgette, citron et saumon,
préparez la soupe comme ci-dessus, mais ajoutez 375 g de steak de saumon les 10 dernières minutes de cuisson. Ôtez la peau et les arêtes du poisson et émiettez-le. Battez 2 œufs avec le jus de ½ citron et mélangez progressivement 1 louche de soupe chaude avant de remettre le mélange dans la casserole. Faites chauffer doucement jusqu'à ce que la soupe ait un peu épaissi. Répartissez le saumon dans des bols, versez la soupe par-dessus, puis saupoudrez de persil.

soupe petits pois-laitue-citron

Pour **4 personnes**
Préparation **10 minutes**
Cuisson **15 à 20 minutes**

25 g de **beurre**
1 gros **oignon** émincé
425 g de **petits pois**
   surgelés
2 petites **laitues sucrines**
   grossièrement coupées
   en lanières
1 litre de **bouillon**
   de légumes ou **de poule**
   (pages 13 et 10)
le **zeste** râpé et le **jus**
   de ½ **citron**
sel et **poivre**

Croûtons au sésame
2 grosses **tranches de pain**
   coupées en dés
1 c. à s. d'**huile d'olive**
1 c. à s. de **graines**
   de sésame

Enduisez les dés de pain d'huile d'olive et mettez-les dans une poêle. Saupoudrez de graines de sésame et faites dorer dans un four préchauffé à 200 °C, 10 à 15 minutes.

Pendant ce temps, faites chauffer le beurre dans une grande casserole et faites fondre l'oignon 5 minutes. Ajoutez les petits pois, les laitues, le bouillon, le zeste et le jus de citron. Salez et poivrez. Portez à ébullition, puis réduisez le feu, couvrez et laissez mijoter 10 à 15 minutes.

Laissez la soupe refroidir légèrement, puis mixez-la dans un blender. Remettez la soupe dans la casserole, vérifiez l'assaisonnement puis réchauffez-la. Versez dans des bols chauds et saupoudrez de croûtons au sésame.

Pour une soupe aux petits pois, épinards et citron, préparez la soupe comme ci-dessus, en remplaçant les laitues par 125 g de jeunes feuilles d'épinard. Laissez mijoter 10 à 15 minutes puis mixez. Réchauffez et ajoutez un peu de noix de muscade râpée. Versez dans des bols avec 2 cuillerées à café de yaourt nature.

soupe aux herbes du jardin

Pour **4 personnes**
Préparation **15 minutes**
Cuisson **30 minutes**

50 g de **beurre**
1 **oignon** grossièrement
haché
1 grosse **pomme de terre**
bintje de 250 g,
coupée en dés
1 litre de **bouillon
de jambon, de poule**
ou **de légumes**
(pages 10 et 13)
75 g de **persil** et
de **ciboulette,**
grossièrement hachés
sel et **poivre**

Faites chauffer le beurre dans une casserole,
puis faites fondre l'oignon doucement 5 minutes sans
le laisser brunir. Ajoutez la pomme de terre et enrobez-
la de beurre, puis couvrez et laissez cuire 10 minutes,
en remuant de temps en temps, jusqu'à ce qu'elle
commence à dorer.

Ajoutez le bouillon. Salez et poivrez, puis portez
à ébullition. Couvrez et laissez mijoter 10 minutes,
le temps que la pomme de terre soit cuite. Laissez
refroidir légèrement, puis mixez avec les herbes dans
un blender.

Reversez la soupe dans la casserole et réchauffez-la.
Goûtez et rectifiez l'assaisonnement. Servez avec
des petits sandwichs au bacon grillés.

Pour une soupe italienne aux herbes, faites chauffer
2 cuillerées à soupe d'huile d'olive dans une casserole,
puis faites-y fondre l'oignon. Ajoutez 150 g de pomme
de terre coupée en dés, couvrez et faites revenir
10 minutes. Incorporez le bouillon et assaisonnez
comme ci-dessus, couvrez et laissez mijoter 10 minutes.
Mixez la soupe, remplacez le persil et la ciboule par 75 g
de feuilles de roquette, 25 g de pignons de pin ou
d'amandes moulus et 40 g de parmesan fraîchement
râpé. Réchauffez et servez garni de pignons grillés.

bouillon rouge au poulet

Pour **4 personnes**
Préparation **10 minutes**
Cuisson **20 minutes**

2 c. à s. d'**huile de tournesol**
250 g de **cuisses de poulet**
coupées en dés
4 c. à c. de **pâte de curry**
rouge toute prête
1 c. à c. de **pâte**
de galanga toute prête
3 **feuilles de citronnier**
kaffir
400 ml de **lait de coco**
entier en boîte
2 c. à c. de **sauce**
de poisson thaïlandaise
1 c. à c. de **sucre**
muscovado
600 ml de **bouillon**
de poule (page 10)
4 **oignons verts** émincés
+ 2 pour décorer
50 g de **pois mange-tout**
émincés
100 g de **germes de soja**
rincés
1 petit bouquet de feuilles
de **coriandre**

Faites chauffer l'huile dans une casserole, puis faites-y revenir les cuisses de poulet et la pâte de curry 3 à 4 minutes jusqu'à coloration. Ajoutez la pâte de galanga, les feuilles de kaffir, le lait de coco, la sauce de poisson et le sucre muscovado, puis incorporez le bouillon de poule.

Portez à ébullition, couvrez et laissez mijoter 15 minutes, en remuant de temps en temps, jusqu'à ce que le poulet soit cuit.

Coupez les deux oignons verts, prévus pour la décoration, en très fines lamelles de façon qu'elles s'enroulent sur elles-mêmes.

Ajoutez le reste des oignons verts, les pois mange-tout et les germes de soja puis laissez encore 2 minutes. Versez dans des bols avec la coriandre fraîche ciselée et les spirales d'oignon vert par-dessus.

Pour un bouillon rouge de poisson à la noix de coco, faites chauffer l'huile de tournesol, ajoutez

la pâte de curry et faites revenir 1 minute. Ajoutez la pâte de galanga, les feuilles de kaffir, le lait de coco, la sauce de poisson et le sucre muscovado. Versez le bouillon de poule, puis ajoutez 250 g de filet de saumon. Couvrez et laissez mijoter 10 minutes. Soulevez le poisson, ôtez la peau et les arêtes, puis émiettez-le. Remettez-le dans le bouillon, ajoutez les légumes et 125 g de petites crevettes décongelées et rincées. Laissez cuire 2 minutes, puis servez avec les feuilles de coriandre comme ci-dessus.

soupe aux gambas et nouilles

Pour **4 personnes**
Préparation **10 minutes**
Cuisson **15 minutes**

900 g de **bouillon
de légumes** ou **de poule**
(pages 13 et 10)
2 **feuilles de citronnier
kaffir** séchées
1 tige de **citronnelle**
légèrement écrasée
150 g de **nouilles aux œufs**
50 g de **petits pois** surgelés
50 g de **maïs** surgelé
100 g de grosses **gambas**,
cuites, décortiquées ou
décongelées et rincées
à l'eau froide et égouttées
4 **oignons verts** émincés
2 c. à c. de **sauce soja**

Versez le bouillon dans une casserole avec les feuilles de kaffir et la tige de citronnelle puis portez à ébullition. Réduisez le feu et laissez frémir 10 minutes.

Ajoutez les nouilles aux œufs et faites cuire selon les indications de l'emballage. Deux minutes plus tard, ajoutez les petits pois, le maïs, les gambas, les oignons verts et la sauce soja puis laissez cuire encore 2 minutes. Retirez la citronnelle et jetez-la.
Servez la soupe dans des bols chauds.

Pour une soupe au poulet et aux nouilles, versez le bouillon dans une casserole avec les feuilles de kaffir et la citronnelle, puis ajoutez 2 blancs de poulet désossés et coupés en dés. Portez à ébullition, puis laissez frémir 10 minutes. Poursuivez la recette comme ci-dessus.

velouté de maïs

Pour **4 à 6 personnes**
Préparation **5 à 10 minutes**
Cuisson **25 à 30 minutes**

40 g de **beurre**
1 **oignon** émincé
2 **pommes de terre**
  coupées en dés
25 g de **farine**
900 ml de **lait**
1 feuille de **laurier**
2 boîtes de 325 g de **maïs**,
  égoutté
6 c. à s. de **crème fraîche**
  épaisse
sel et **poivre**
poitrine fumée très fine,
  grillée et croustillante
  pour garnir

Faites fondre le beurre dans une grande casserole. Ajoutez l'oignon et les pommes de terre puis faites revenir 5 minutes, sans laisser brunir, à feu doux, en remuant régulièrement.

Incorporez la farine, puis ajoutez progressivement le lait, en remuant constamment. Portez à ébullition, ajoutez la feuille de laurier, salez et poivrez. Ajoutez la moitié du maïs, couvrez et laissez mijoter 15 à 20 minutes.

Retirez la feuille de laurier et jetez-la. Laissez refroidir la soupe légèrement, puis mixez-la ou bien passez-la au tamis pour qu'elle soit bien lisse. Remettez-la dans la casserole, ajoutez le reste de maïs et réchauffez le tout.

Incorporez la crème fraîche, éparpillez la poitrine frite et servez sans attendre.

Pour un velouté de patates douces et maïs,

faites revenir l'oignon dans le beurre comme ci-dessus, ajoutez 425 g de patates douces coupées en dés, puis continuez la recette comme ci-dessus. Servez la soupe accompagnée de rondelles de chorizo grillées à la poêle à la place de la poitrine fumée.

soupe méditerranéenne à l'ail

Pour **4 personnes**
Préparation **10 minutes**
Cuisson **16 à 18 minutes**

2 c. à s. d'**huile d'olive**
2 ou 3 gousses d'**ail**
  émincées
125 g de **chorizo** coupé
  en rondelles
6 c. à s. de **vin rouge**
1 litre de **bouillon de bœuf**
  (page 12) ou **de gibier**
2 c. à c. de **concentré**
  de tomates
1 c. à c. de **sucre brun**
4 **œufs**
sel et **poivre**
persil ciselé, pour décorer

Faites chauffer l'huile d'olive dans une casserole et faites revenir l'ail et le chorizo 3 à 4 minutes à feu doux. Ajoutez le vin, le bouillon, le concentré de tomates et le sucre brun, puis salez et poivrez. Laissez mijoter 5 minutes.

Réduisez le feu de façon que le bouillon frémisse à peine, puis cassez-y les œufs, un par un, en les espaçant. Laissez-les pocher 3 à 4 minutes jusqu'à ce que les blancs aient pris et que les jaunes soient à votre convenance.

Gouttez et rectifiez l'assaisonnement selon votre goût, puis placez 1 œuf dans chaque bol avant de verser la soupe et de saupoudrer d'un peu de persil ciselé. Accompagnez de croûtons (page 15).

Pour une soupe à l'ail et à la tomate, ajoutez 375 g de pommes de terre coupées en dés lorsque vous faites revenir l'oignon et le chorizo. Ajoutez le vin, le bouillon, le concentré de tomates, le sucre, du sel et du poivre, puis laissez mijoter 30 minutes. Versez la soupe dans des bols et servez accompagné de croûtons à l'ail et au fromage (page 226).

soupe aigre et épicée

Pour **4 personnes**
Préparation **10 minutes**
Cuisson **12 minutes**

750 g de **bouillon
de légumes** ou
de poisson (page 13)
4 **feuilles de citronnier
kaffir séchées**
2,5 cm de **gingembre** frais,
épluché et râpé
1 **piment rouge**, épépiné
et émincé
1 tige de **citronnelle**
légèrement écrasée
125 g de **champignons
de Paris** coupés
en lamelles
100 g de **nouilles de riz**
75 g de jeunes feuilles
d'**épinard**
125 g de **gambas
du Pacifique**, crues,
décongelées et rincées
à l'eau froide puis égouttées
2 c. à s. de **jus de citron**
poivre noir fraîchement
moulu

Versez le bouillon, les feuilles de kaffir, le gingembre frais, le piment et la tige de citronnelle dans une grande casserole. Couvrez et portez à ébullition. Ajoutez les champignons et laissez frémir 2 minutes. Cassez les nouilles en petits tronçons, plongez-les dans la soupe et faites cuire 3 minutes.

Ajoutez les jeunes feuilles d'épinard et les gambas puis laissez cuire 2 minutes le temps que les gambas soient chaudes. Ajoutez le jus de citron. Retirez la tige de citronnelle puis jetez-la. Assaisonnez la soupe avec du poivre noir avant de servir.

Pour une soupe épicée à la noix de coco,

préparez-la comme ci-dessus, en ajoutant 450 ml de bouillon uniquement, plus 400 ml de lait de coco en boîte et 2 cuillerées à café de pâte de curry rouge thaïlandaise. Poursuivez la recette comme ci-dessus et servez avec de la coriandre fraîche.

soupe de chou-fleur au cidre

Pour **6 personnes**
Préparation **15 minutes**
Cuisson **30 minutes**

40 g de **beurre**
1 **oignon** émincé
200 g de **pommes de terre**
  grossièrement râpées
500 g de **chou-fleur**,
  débarrassé du centre
  coriace et détaillé
  en fleurettes
900 ml de **bouillon**
  de poule ou **de légumes**
  (pages 10 et 13)
300 ml de **cidre sec**
2 c. à c. de **moutarde**
  à l'ancienne
75 g de **cheddar**
  ou de **gruyère** râpé
sel et **poivre de Cayenne**
ciboulette ciselée,
  pour décorer

Faites chauffer le beurre dans une casserole, puis faites-y revenir doucement l'oignon 5 minutes jusqu'à ce qu'il soit doré. Incorporez les pommes de terre et faites-les revenir rapidement, puis ajoutez le chou-fleur, le bouillon, le cidre et la moutarde. Salez, poivrez et portez à ébullition. Couvrez et laissez mijoter 15 minutes, le temps de cuire les légumes.

Écrasez grossièrement la soupe pour l'épaissir légèrement, puis incorporez le fromage et remuez jusqu'à ce qu'il soit fondu. Goûtez et rectifiez l'assaisonnement, puis servez la soupe dans des bols. Décorez de ciboulette ciselée et de croûtons (page 15) ou de toast de welsh rarebit.

Pour réaliser des toasts de welsh rarebit, à servir en accompagnement, mélangez 125 g de cheddar râpé avec 1 jaune d'œuf, 2 cuillerées de sauce Worcestershire, 1 cuillerée à café de moutarde à l'ancienne et un peu de poivre de Cayenne. Faites griller 4 tranches de pain des deux côtés, tartinez-les du mélange de fromage, puis faites-les gratiner sous le gril chaud. Servez les toasts coupés en lanières.

soupes
froides

soupe à la betterave et aux pommes

Pour **6 personnes**
Préparation **25 minutes**
Cuisson **50 minutes**
+ réfrigération

1 c. à s. d'**huile d'olive**
1 **oignon** grossièrement
    haché
500 g de **betteraves** crues,
    nettoyées, épluchées
    et coupées en cubes
1 grosse **pomme à cuire**
    de 375 g, épluchée,
    coupée en quatre
    puis en cubes
1,5 litre de **bouillon**
    de légumes ou **de poule**
    (pages 13 et 10)
sel et **poivre**

Pour servir
6 c. à s. de **crème aigre**
    ou de **crème fraîche**
1 **pomme rouge**, évidée
    et coupée en cubes
les **graines** de ½ **grenade**
4 c. à s. de **sirop d'érable**

Faites chauffer l'huile d'olive dans une casserole et faites revenir l'oignon 5 minutes à feu doux. Ajoutez les betteraves et la pomme, puis le bouillon. Salez et poivrez. Portez à ébullition. Couvrez et laissez mijoter 45 minutes, en remuant de temps en temps, jusqu'à ce que les betteraves soient cuites.

Laissez refroidir la soupe légèrement, puis mixez-la. Versez-la dans un grand récipient, goûtez et rectifiez l'assaisonnement si nécessaire. Laissez-la au réfrigérateur toute la nuit ou au moins 3 à 4 heures.

Servez la soupe dans des bols avec une cuillerée de crème aigre ou de crème fraîche. Ajoutez des morceaux de pomme et des graines de grenade, puis arrosez d'un peu de sirop d'érable. Accompagnez d'une tranche de pain de seigle.

Pour une soupe de betterave à l'orange, faites revenir l'oignon dans de l'huile d'olive comme ci-dessus, puis ajoutez la betterave, mais pas de pomme. Laissez mijoter 45 minutes avec le bouillon salé et poivré. Mixez la soupe, comme ci-dessus, puis incorporez les zestes et le jus de 2 grosses oranges. Laissez refroidir et servez avec une cuillerée de crème, du miel et des zestes d'orange.

mousse de melon glacée

2 **melons galia** mûrs
le **jus** de 1 **citron vert**
   fraîchement pressé
½ ou 1 **piment rouge doux**,
   épépiné et coupé en quatre
1 petit bouquet de **coriandre**
   + quelques brins
   pour décorer
300 ml de **jus de pomme**
   pressée
quartiers de **citron vert**
   pour servir (facultatif)
glaçons

Coupez les melons en deux, évidez-les, puis ôtez la chair à la cuillère. Mixez les melons avec le jus de citron vert, le piment et la coriandre ciselée. Ajoutez la moitié du jus de pomme et mélangez bien. Incorporez le reste du jus et continuez à mixer pour obtenir un mélange mousseux.

Versez la soupe dans des tasses ou des verres à moitié remplis de glaçons. Servez sans attendre avec un brin de coriandre et des quartiers de citron vert avant que le mélange mousseux ne retombe.

Pour une mousse de melon au gingembre, ôtez la chair de 2 melons charentais coupés en deux, évidés. Mixez avec 2 oignons verts et 150 ml de crème fraîche allégée. Ajoutez 150 ml de « ginger beer » (boisson gazeuse au gingembre, non alcoolisée) et mixez de nouveau jusqu'à ce que le mélange soit mousseux. Servez dans des petits bols ou bien dans les melons évidés.

soupe de crème aux cerises

Pour **6 personnes**
Préparation **10 minutes**
Cuisson **12 minutes**
  + réfrigération

300 ml de **riesling blanc**
400 ml d'**eau**
2 c. à s. de **sucre semoule**
1 bâton de **cannelle** coupé
  en deux
le **zeste** râpé et le **jus**
  de 1 **citron**
475 g de **cerises**
  dénoyautées, surgelées
300 ml de **crème aigre**
  ou de **crème fraîche**
cannelle en poudre
  pour décorer

Versez le vin et l'eau dans une casserole, ajoutez le sucre, le bâton de cannelle, le zeste et le jus de citron. Portez à ébullition et laissez mijoter 5 minutes.

Ajoutez les cerises encore surgelées et laissez mijoter 5 minutes. Retirez le bâton de cannelle, puis transvasez la moitié du liquide et des cerises dans un blender. Ajoutez la crème aigre puis mixez, en plusieurs fois si nécessaire. Incorporez soigneusement le mélange au contenu de la casserole.

Mettez la soupe au réfrigérateur afin qu'elle soit bien froide, puis transvasez-la dans des petits bols ou des assiettes à soupe de façon que les cerises soient visibles. Saupoudrez de cannelle en poudre et servez avec quelques cerises fraîches.

Pour une soupe poivrée aux fraises, préparez le sirop comme ci-dessus avec le vin, l'eau, le sucre, le zeste et le jus de citron. Remplacez la cannelle par ½ cuillerée à café de grains de poivre. Laissez mijoter 5 minutes, puis ajoutez 500 g de fraises coupées en deux ou en morceaux. Servez comme ci-dessus.

soupe d'avocat à la crème aigre

Pour **6 personnes**
Préparation **15 minutes**
Cuisson **5 minutes**

1 c. à s. d'**huile de tournesol**
4 **oignons verts** émincés
  + 2 pour décorer
2 gros **avocats** mûrs, coupés
  en deux et sans noyau
4 c. à s. de **crème aigre**
  ou de **crème fraîche**
600 ml de **bouillon de
  légumes** ou **de poule**
  (pages 13 et 10)
le **jus** de 2 **citrons verts**
sel et **poivre**
Tabasco
glaçons pour servir

Faites chauffer l'huile dans une poêle et faites-y revenir les 4 oignons verts 5 minutes. Coupez les 2 oignons verts restants en fines lamelles dans le sens de la longueur, plongez-les 10 minutes dans de l'eau glacée afin qu'elles s'enroulent sur elles-mêmes puis rincez-les.

Retirez la chair des avocats et mixez-la avec les oignons verts frits, la crème aigre et un tiers du bouillon. Lorsque le mélange est bien lisse, incorporez le reste du bouillon et le jus des citrons verts. Salez, poivrez et ajoutez quelques gouttes de Tabasco.

Servez sans attendre, tant que l'avocat est encore vert vif, dans des tasses ou des verres transparents avec un peu de glace. Décorez avec les rubans d'oignon vert et accompagnez de gressins.

Pour des gressins sel et poivre, mélangez 250 g de farine avec ¼ de cuillerée de levure chimique dans un saladier. Ajoutez 4 cuillerées à café d'huile d'olive et incorporez progressivement 150 ml d'eau chaude pour obtenir une pâte lisse. Pétrissez-la 5 minutes sur un plan de travail fariné, puis divisez-la en 18 boules que vous roulerez en ficelles. Disposez-les sur une plaque de cuisson recouverte de film alimentaire huilé et laissez reposer 30 minutes à température ambiante pour faire lever la pâte. Retirez le film alimentaire, enduisez les gressins de l'œuf battu, puis saupoudrez de poivre noir grossièrement moulu et de gros sel de mer. Faites dorer 6 à 8 minutes dans un four préchauffé à 200 °C. Servez chaud ou froid avec la soupe.

vichyssoise au fenouil

Pour **6 personnes**
Préparation **20 minutes**
Cuisson **30 minutes**
+ refroidissement

25 g de **beurre**
1 **fenouil** de 200 à 250 g,
grossièrement haché,
le vert ôté et réservé
4 **oignons verts**
grossièrement tranchés
150 g de **pomme de terre**
coupée en dés
450 ml de **bouillon**
de poule (page 10)
250 ml de **lait**
150 ml de **crème fraîche**
épaisse
sel et **poivre**
glaçons pour servir

Faites chauffer le beurre dans une casserole et faites revenir le fenouil, les oignons verts et la pomme de terre en remuant. Couvrez et faites revenir 10 minutes à feu doux, en remuant de temps en temps, sans laisser colorer.

Ajoutez le bouillon, assaisonnez et portez à ébullition. Couvrez et laissez mijoter 15 minutes jusqu'à ce que les légumes soient tout juste tendres.

Laissez la soupe refroidir légèrement, puis mixez-la. Passez-la au tamis, en poussant les gros morceaux à l'aide du dos de la louche, puis reversez-la dans la casserole. Incorporez le lait et la crème fraîche, puis goûtez et rectifiez l'assaisonnement. Mettez-la au réfrigérateur.

Servez la soupe dans des petits bols ou des verres à moitié remplis de glace et garnissez avec le vert de fenouil haché.

Pour une vichyssoise classique, remplacez le fenouil et les oignons verts par 675 g de poireaux, nettoyés et rincés à l'eau froide, puis égouttés et coupés en rondelles. Incorporez la moitié de la crème fraîche à la soupe et ajoutez le reste dans des bols. Garnissez avec de la ciboulette ciselée.

gaspacho

Pour **6 personnes**
Préparation **10 à 15 minutes**
  + refroidissement

2 gousses d'**ail** grossièrement
  hachées
¼ de c. à c. de **sel**
3 tranches de gros **pain
  blanc**, sans la croûte
375 g de **tomates**, pelées
  et coupées grossièrement
½ **concombre** épluché,
  épépiné et grossièrement
  haché
1 gros **poivron rouge** évidé,
  épépiné et grossièrement
  haché
2 branches de **céleri**
  coupées en quatre
5 c. à s. d'**huile d'olive**
4 c. à s. de **vinaigre de vin
  blanc**
1 litre d'**eau**
poivre noir fraîchement
  moulu

Pour servir
2 **tomates** épépinées
  et coupées en dés
¼ de **concombre** coupé
  en dés
½ **oignon rouge** coupé
  en petits dés

Pilez l'ail et le sel dans un mortier pour obtenir
une pâte lisse. Vous pouvez aussi écraser l'ail
sur une planche avec le sel en vous aidant du plat
d'un couteau. Plongez les tranches de pain dans
un bol rempli d'eau. Laissez-les tremper 5 secondes,
puis égouttez-les et pressez-les pour éliminer l'humidité.

Mixez les tomates, le concombre, le poivron et le céleri.
Ajoutez la pâte d'ail, le pain et l'huile d'olive, puis mixez
de nouveau pour obtenir un mélange bien lisse.

Versez le mélange dans un grand saladier et incorporez
le vinaigre et l'eau, puis poivrez. Couvrez et laissez
refroidir au moins 3 heures au réfrigérateur. Servez
la soupe bien froide dans des verres préalablement
refroidis. Agrémentez de petits cubes de tomate,
de concombre et d'oignon rouge.

Pour du gaspacho au piment, préparez la soupe
comme ci-dessus en ajoutant, en même temps
que les autres légumes, 1 grand piment rouge doux,
épépiné et émincé. Servez, garni de quelques feuilles
de menthe ciselée et d'un filet d'huile d'olive.

soupe glacée amandes-raisins

Pour **6 personnes**
Préparation **20 minutes**
+ refroidissement

100 g de mie de pain
ciabatta rassis
600 ml de **bouillon**
de poule (page 10)
100 g d'**amandes blanchies**
1 ou 2 gousses d'**ail**
émincées
2 c. à s. d'**huile d'olive**
2 c. à s. de **vinaigre**
de xérès
sel et **poivre**

Pour servir
3 c. à s. d'**amandes**
effilées, grillées
150 g de **raisins**
sans pépins,
coupés en deux

Émiettez la mie de pain dans un saladier, versez
150 ml de bouillon de poule dessus et laissez tremper
5 minutes pour qu'elle soit bien ramollie.

Broyez les amandes et l'ail dans un robot, puis
ajoutez le pain détrempé et son bouillon, l'huile d'olive,
le vinaigre et un peu de sel et de poivre. Mixez l'ensemble,
puis incorporez progressivement le reste du bouillon.

Laissez refroidir au moins 2 heures. Goûtez et rectifiez
l'assaisonnement si nécessaire. Servez la soupe dans
des petits bols, garnie de raisins et d'amandes effilées.
Accompagnez de ciabatta fraîche.

Pour une soupe glacée à la tomate et aux amandes,
préparez la soupe comme ci-dessus, en plongeant
le pain dans 150 ml de bouillon avant d'ajouter encore
450 ml de bouillon et 150 ml de passata. Laissez refroidir,
puis garnissez d'amandes effilées grillées, de 4 tomates
séchées à l'huile et de quelques feuilles de basilic
à la place des raisins.

soupe « bloody mary »

Pour **6 personnes**
Préparation **20 minutes**
Cuisson **25 minutes**
   + refroidissement

1 c. à s. d'**huile d'olive**
   + un peu pour servir
1 **oignon** haché
1 **poivron rouge** évidé,
   épépiné et coupé en dés
2 branches de **céleri**
   coupées en rondelles
500 g de **tomates olivettes**
   coupées en morceaux
900 ml de **bouillon**
   de légumes (page 13)
2 c. à c. de **sucre semoule**
4 c. à c. de **sauce**
   Worcestershire
4 c. à c. de **concentré**
   de tomates
4 c. à s. de **vodka**
quelques gouttes
   de **Tabasco**
sel et poivre
petites **branches de céleri**
   avec leurs feuilles
   pour décorer

Faites chauffer l'huile d'olive dans une casserole et faites-y revenir l'oignon 5 minutes sans le laisser se colorer. Incorporez le poivron, le céleri et les tomates puis faites revenir 5 minutes de plus en remuant de temps en temps.

Versez le bouillon de légumes, ajoutez le sucre, la sauce Worcestershire et le concentré de tomates. Salez et poivrez légèrement. Portez à ébullition. Couvrez et laissez mijoter 15 minutes.

Laissez refroidir la soupe légèrement, puis mixez-la en plusieurs fois jusqu'à obtenir un mélange bien lisse. Passez la soupe au tamis, puis remettez-la dans la casserole. Ajoutez la vodka et le Tabasco, puis assaisonnez à votre goût. Placez au réfrigérateur.

Servez la soupe dans des petits bols ou des verres, ajoutez les petites branches de céleri, un filet d'huile d'olive et un peu de poivre.

Pour une soupe « virgin mary » au pesto, faites revenir l'oignon dans de l'huile d'olive comme ci-dessus, ajoutez le poivron rouge, le céleri et les tomates, puis laissez mijoter 15 minutes avec 900 ml de bouillon de légumes mélangé à 4 cuillerées à café de purée de tomates séchées et 2 cuillerées à café de sucre semoule. Mixez avec 1 cuillerée à soupe de pesto. Mettez au réfrigérateur et servez avec un peu de pesto supplémentaire dans chaque bol et quelques petites feuilles de basilic.

soupe de concombre au yaourt

Pour **4 personnes**
Préparation **15 minutes**
+ trempage et réfrigération

½ **concombre**
25 g de **cerneaux de noix**
1 gousse d'**ail**
4 brins d'**aneth**
½ tranche de **pain blanc**
émiettée
2 c. à s. d'**huile d'olive**
400 g de **yaourt nature**
allégé
4 c. à s. d'**eau froide**
2 c. à c. de **jus de citron**
sel et **poivre**

Garniture
un peu d'**huile d'olive**
quelques **noix** hachées
brins d'**aneth**

Épluchez le concombre, puis coupez-le grossièrement en rondelles. Disposez les rondelles sur une assiette et saupoudrez-les de sel. Laissez reposer 20 minutes.

Rincez le concombre à l'eau froide puis égouttez-le bien dans une passoire. Mixez en purée lisse les cerneaux de noix, l'ail, l'aneth, le pain et l'huile d'olive. Ajoutez le concombre et le yaourt puis mixez de nouveau jusqu'à ce que le concombre soit broyé. Incorporez l'eau et le jus de citron. Salez et poivrez selon votre goût. Laissez refroidir.

Servez dans des verres avec un filet d'huile d'olive, quelques noix hachées et 1 ou 2 brins d'aneth. Accompagnez de lanières de pain pita grillé.

Pour une soupe au yaourt, à la menthe, aux amandes et au concombre, salez le concombre comme ci-dessus. Remplacez les noix, l'ail et l'aneth par 25 g d'amandes en poudre et 2 branches de menthe fraîche. Mixez avec le pain et l'huile d'olive comme ci-dessus, puis ajoutez le concombre lavé et égoutté, le yaourt, l'eau et le jus de citron. Salez et poivrez. Mixez de nouveau, puis laissez refroidir au réfrigérateur. Servez dans des bols et garnissez d'un filet d'huile d'olive, de quelques amandes effilées grillées et de quelques petites feuilles de menthe.

soupe de laitue glacée

Pour **6 personnes**
Préparation **15 minutes**
Cuisson **15 minutes**
  + refroidissement

25 g de **beurre**
4 **oignons de printemps**
250 g de **petits pois** frais
  ou surgelés
1 **cœur de romaine** lavée
  et effeuillée
600 ml de **bouillon**
  de poule ou **de légumes**
  (pages 10 et 13)
1 c. à c. de **sucre semoule**
6 c. à s. de **crème fraîche**
  épaisse
sel et **poivre**

Pour servir
12 feuilles de petite **sucrine**
150 g de chair de petit
  crabe frais
2 c. à s. de **mayonnaise**
1 c. à s. de **jus de citron**
un peu de **paprika**

Faites chauffer le beurre dans une casserole, puis faites-y revenir les oignons de printemps 2 à 3 minutes. Ajoutez les petits pois, faites revenir 2 minutes, puis ajoutez la romaine coupée en lanières. Versez le bouillon, ajoutez le sucre, du sel et du poivre. Portez à ébullition.

Couvrez et laissez mijoter 10 minutes jusqu'à ce que la romaine soit ramollie mais encore verte. Laissez refroidir légèrement, puis réduisez-la en purée avec un robot de cuisine, en plusieurs fois. Incorporez la crème fraîche. Laissez refroidir.

Servez la soupe dans des petits bols posés sur des assiettes. Accompagnez d'une petite feuille de sucrine agrémentée d'un mélange de crabe, de mayonnaise et de jus de citron saupoudré de paprika.

Pour une soupe de cresson glacée, faites chauffer le beurre, ajoutez les rondelles du blanc de 1 petit poireau et 200 g de pommes de terre coupées en dés. Couvrez et laissez cuire 10 minutes en remuant de temps en temps. Ajoutez 750 ml de bouillon de poule ou de légumes, assaisonnez, puis couvrez de nouveau et laissez mijoter 10 minutes. Ajoutez le vert du poireau, 200 g de cresson, couvrez et laissez cuire 5 minutes, le temps que le cresson soit juste ramolli. Réduisez en purée comme ci-dessus, en plusieurs fois, puis remettez dans la casserole et incorporez 150 ml de lait et 150 ml de crème fraîche épaisse. Laissez refroidir. Servez dans des petits bols avec une cuillerée de crème fraîche.

soupes
d'hiver

soupe fumée aubergine-tomate

Pour **6 personnes**
Préparation **20 minutes**
Cuisson **1 heure**

2 grosses **aubergines**
2 c. à s. d'**huile d'olive**
1 gros **oignon** coupé
  grossièrement
2 gousses d'**ail** émincées
500 g de **tomates olivettes**,
  pelées et coupées
  en morceaux
½ c. à c. de **paprika**
1 c. à c. de **sucre semoule**
600 ml de **bouillon**
  de légumes ou **de poule**
  (pages 13 et 10)
sel et **poivre**

Toasts aux anchois
50 g de **filets d'anchois**
  à l'huile, égouttés,
  coupés finement
2 c. à s. de **ciboulette**
  émincée
75 g de **beurre**
1 **ficelle** ou ½ **baguette**
  coupée en tranches

Piquez chaque aubergine juste en dessous de la tige et passez-les 15 minutes sous un gril chaud. Retournez-les plusieurs fois jusqu'à ce que la peau soit noircie et boursouflée. Laissez refroidir sur une planche à découper.

Faites chauffer l'huile d'olive dans une grande casserole et faites-y revenir l'oignon 5 minutes. Pendant ce temps, coupez les aubergines en deux et récupérez la chair à l'aide d'une cuillère. Jetez la peau.

Ajoutez la chair des aubergines et l'ail dans la casserole et faites revenir 2 minutes. Incorporez les tomates, le paprika et le sucre et faites revenir brièvement, puis versez le bouillon. Salez et poivrez. Portez à ébullition, couvrez et laissez mijoter 30 minutes.

Mixez la soupe dans un blender, en plusieurs fois. Remettez-la dans la casserole et réchauffez-la. Broyez les anchois, la ciboulette et le beurre avec un peu de poivre. Faites griller le pain et tartinez-le de pâte d'anchois. Versez la soupe dans des bols et disposez les toasts sur le dessus. Servez sans attendre.

Pour une soupe fumée à la tomate, remplacez les aubergines par 875 g de tomates, pelées et coupées en morceaux. Ajoutez-les aux oignons et à l'ail frits. Parfumez de paprika, comme ci-dessus, et laissez mijoter avec le bouillon et le sucre. Salez et poivrez. Servez la soupe mixée avec un filet d'huile d'olive à la place des toasts aux anchois.

soupe épicée agneau-patate douce

Pour **6 personnes**
Préparation **30 minutes**
Cuisson **2 h 30**

3 c. à s. d'**huile d'olive**
500 g de **sauté d'agneau avec os**
1 **oignon** émincé
1 ou 2 gousses d'**ail** finement hachées
2 c. à c. de **ras el-hanout** (mélange d'épices marocaines)
2,5 cm de **gingembre** frais râpé
2 litres de **bouillon d'agneau** ou **de poule** (page 12 et 10)
75 g de **lentilles corail**
300 g de **patates douces** coupées en dés
175 g de **carottes** coupées en dés
sel et **poivre**
1 petit bouquet de **coriandre** pour décorer (facultatif)

Faites chauffer l'huile d'olive dans une grande casserole et faites dorer l'agneau d'un côté, puis retournez-le et ajoutez l'oignon. Faites cuire jusqu'à ce que la viande soit bien dorée et que l'oignon commence à se colorer.

Ajoutez l'ail, le ras el-hanout et le gingembre, puis le bouillon et les lentilles corail. Salez et poivrez. Portez à ébullition puis réduisez le feu, couvrez et laissez mijoter 1 h 30.

Ajoutez les patates douces et les carottes, portez à ébullition de nouveau, puis couvrez et laissez cuire 1 heure. Retirez l'agneau de la soupe à l'aide d'une écumoire, disposez-le sur un plat, puis retirez délicatement les os et le gras avant de le découper. Remettez la viande dans la casserole et réchauffez.

Servez la soupe dans des bols avec les feuilles de coriandre ciselées.

Pour des pains au fenouil maison à servir en accompagnement, versez 200 g de farine à levure incorporée et ½ cuillerée à café de levure chimique dans un saladier. Ajoutez 1 cuillerée à café de graines de fenouil grossièrement pilées au mortier, un peu de sel et de poivre. Ajoutez 2 cuillerées à soupe d'huile d'olive, puis incorporez 6 à 7 cuillerées à soupe d'eau pour faire la pâte. Divisez-la en 6 parts et roulez chacune, sur un plan de travail fariné, en un ovale de la taille d'une main. Faites cuire 3 à 4 minutes de chaque côté dans une poêle chaude.

brö au bœuf et à l'orge

Pour **6 personnes**
Préparation **20 minutes**
Cuisson **2 heures**

25 g de **beurre**
250 g de **bœuf à braiser**,
   sans le gras, coupé
   en petits cubes
1 gros **oignon** émincé
200 g de **rutabaga** coupée
   en dés
150 g de **carottes** coupées
   en dés
100 g d'**orge perlée**
2 litres de **bouillon de bœuf**
   (page 12)
2 c. à c. de **moutarde forte**
   (facultatif)
sel et **poivre**
persil ciselé pour garnir

Faites chauffer le beurre dans une grande casserole et faites revenir le bœuf et l'oignon 5 minutes, en remuant, jusqu'à ce que la viande soit dorée et que l'oignon commence à se colorer.

Incorporez les légumes coupés en dés, l'orge perlée, le bouillon de bœuf et la moutarde, si vous en utilisez. Salez, poivrez et portez à ébullition. Couvrez et laissez mijoter 1 h 45, en remuant de temps en temps, jusqu'à ce que la viande et les légumes soient tendres. Versez la soupe dans des bols avec un peu de persil ciselé. Servez avec des galettes de pommes de terre.

Pour un ragoût à l'agneau et à l'orge, remplacez le bœuf par 250 g de filet d'agneau coupé en dés et faites-le revenir avec l'oignon comme ci-dessus. Ajoutez le blanc de 1 poireau, 175 g de rutabaga, 175 g de carottes et 175 g de pommes de terre, le tout coupé en dés, puis incorporez 50 g d'orge perlée, 2 litres de bouillon d'agneau et 2 à 3 brins de romarin. Salez et poivrez. Portez à ébullition, puis couvrez et laissez mijoter 1 h 45. Retirez le romarin, ajoutez le vert du poireau et faites cuire 10 minutes de plus. Versez la soupe dans des bols avec un peu de romarin ciselé.

soupe écossaise « cock-a-leekie »

Pour **6 personnes**
Préparation **30 minutes**
Cuisson **2 heures**

1 c. à s. d'**huile de tournesol**
2 **cuisses de poulet**
et des **pilons**,
375 g au total
500 g de **poireaux** coupés
en fines rondelles, blanc
et vert séparés
3 tranches épaisses
de **poitrine fumée**,
coupées en lardons
2,5 litres de **bouillon
de poule** (page 10)
75 g de **pruneaux** coupés
en quatre
1 feuille de **laurier**
1 branche de **thym**
50 g de **riz long grain**
sel et **poivre**

Faites chauffer l'huile dans une grande casserole
et faites-y dorer les cuisses et les pilons de poulet
d'un côté. Retournez-les et ajoutez le blanc de poireau
et la poitrine fumée. Faites revenir jusqu'à ce que
le poulet soit doré et que les poireaux et la poitrine
commencent à se colorer.

Versez le bouillon de poule, puis ajoutez les pruneaux,
le laurier et le thym. Salez et poivrez. Portez à ébullition,
puis couvrez et laissez mijoter 1 h 30, en remuant de
temps en temps, jusqu'à ce que la viande se détache
des os.

Sortez le poulet, le laurier et le thym du bouillon
à l'aide d'une écumoire et disposez-les sur un plat.
Retirez la peau et les os, puis coupez la viande
en morceaux. Remettez le poulet dans la casserole
et ajoutez le riz et le vert des poireaux. Laissez mijoter
10 minutes, le temps que le riz soit cuit.

Goûtez et rectifiez l'assaisonnement si nécessaire.
Versez la soupe dans des bols et servez avec du pain
chaud et croustillant.

Pour une crème de poulet, omettez le riz et les
pruneaux et utilisez 2 litres de bouillon uniquement.
Ajoutez 250 g de pommes de terre coupées en dés,
puis portez à ébullition et laissez mijoter 1 h 30. Retirez
les herbes et mixez la soupe, en plusieurs fois. Incorporez
150 ml de lait et 150 ml de crème fraîche épaisse.
Réchauffez et servez la soupe accompagnée
de croûtons (page 15).

bouillon aux légumes du marché

Pour **4 personnes**
Préparation **15 minutes**
Cuisson **30 à 35 minutes**

1 c. à c. d'**huile d'olive**
2 branches de **céleri**
  avec leurs feuilles,
  coupées en rondelles
2 **poireaux** coupés
  en rondelles
1 **carotte** coupée
  en petits dés
50 g d'**orge perlée**
1,2 litre de **bouillon
  de légumes** (page 13)
1 c. à c. de **moutarde forte**
125 g de **pois mange-tout**,
  coupés en biais
sel et **poivre**

Faites chauffer l'huile d'olive dans une casserole
et ajoutez le céleri, les poireaux et la carotte. Faites
revenir 5 minutes à feu moyen.

Incorporez l'orge perlée, le bouillon de légumes
et la moutarde. Assaisonnez selon votre goût et laissez
mijoter 20 à 25 minutes. Ajoutez les pois mange-tout
et laissez cuire encore 5 minutes.

Versez la soupe dans des bols et servez-la très chaude.

Pour un bouillon aux légumes anciens, préparez
la soupe comme ci-dessus, mais avec 1 seul poireau
coupé et en ajoutant 125 g de rutabaga coupé en dés.
Laissez mijoter 20 minutes puis ajoutez 125 g de chou
vert coupé en fines lanières à la place des pois mange-
tout. Laissez mijoter 10 minutes de plus, puis versez
dans des bols et servez avec du lard grillé
et croustillant dessus.

soupe oignon-tomate-pois chiche

Pour **6 personnes**
Préparation **15 minutes**
Cuisson **1 h 10**

2 c. à s. d'**huile d'olive**
2 **oignons rouges** coupés
   grossièrement
2 gousses d'**ail** émincées
2 c. à c. de **sucre brun**
625 g de **tomates** pelées,
   éventuellement coupées
   en morceaux
2 c. à c. de **harissa**
2 c. à c. de **concentré
   de tomates**
400 g de **pois chiches**
   en boîte, égouttés
900 ml de **bouillon
   de légumes** ou **de poule**
   (pages 13 et 10)
sel et **poivre**

Faites chauffer l'huile d'olive dans une grande casserole et faites-y revenir les oignons 10 minutes à feu doux, en remuant de temps en temps, jusqu'à ce qu'ils commencent à brunir. Incorporez l'ail et le sucre et laissez cuire encore 10 minutes, en remuant davantage à mesure que les oignons caramélisent.

Incorporez les tomates et la harissa et faites revenir 5 minutes. Ajoutez le concentré de tomates, les pois chiches et le bouillon. Salez et poivrez, puis portez à ébullition. Couvrez et laissez mijoter 45 minutes jusqu'à ce que les tomates et les oignons soient tendres. Goûtez et rectifiez l'assaisonnement si nécessaire.

Servez la soupe dans des bols et accompagnez de ciabatta chaude à la tomate.

Pour une soupe aux oignons et haricots au piment, préparez la soupe comme ci-dessus, sans la harissa, et ajoutez 1 cuillerée à café de piment rouge séché en faisant revenir les tomates et remplacez les pois chiches par autant de haricots rouges. Servez avec du pain à l'ail.

soupe de légumes aux dumplings

Pour **6 personnes**
Préparation **30 minutes**
Cuisson **1 h 15 à 1 h 30**

50 g de **beurre**
1 **oignon** émincé
1 **poireau** coupé en dés,
  blanc et vert séparés
300 g de **rutabagas**
  coupés en dés
300 g de **panais**
  coupés en dés
300 g de **carottes**
  coupées en dés
2 branches de **céleri**
  coupées en dés
3 ou 4 brins de **sauge**
2,5 litres de **bouillon**
  de poule (page 10)
sel et **poivre**

Dumplings
100 g de **farine à levure**
  incorporée
½ c. à c. de **moutarde forte**
  en poudre
2 c. à c. de **sauge** ciselée
50 g de **margarine végétale**
2 tranches épaisses
  de **poitrine fumée**,
  coupée finement
3 c. à s. d'**eau**

Faites chauffer le beurre dans une grande casserole et faites revenir l'oignon et le blanc de poireau 5 minutes. Ajoutez les légumes coupés en dés et la sauge, mélangez bien dans le beurre. Couvrez et faites revenir 10 minutes en remuant.

Versez le bouillon, salez, poivrez et portez à ébullition. Couvrez et laissez mijoter 45 minutes en remuant de temps en temps. Retirez la sauge, puis goûtez et rectifiez l'assaisonnement.

Pour préparer les dumplings, versez la farine, la moutarde, la sauge, la margarine et la poitrine fumée dans un bol avec un peu de sel et de poivre. Puis incorporez progressivement l'eau en mélangeant d'abord à la cuillère avant de pétrir avec les mains en une pâte lisse. Divisez la pâte en 8 tranches et roulez chacune en une boule.

Plongez le reste de vert de poireau dans la soupe et, lorsqu'elle commence à frémir, ajoutez les dumplings. Couvrez de nouveau et laissez cuire 10 minutes de plus jusqu'à ce que les dumplings soient gonflés. Servez dans des bols sans attendre.

Pour une crème aux légumes d'hiver, omettez les dumplings et utilisez 1,5 litre de bouillon seulement. Laissez mijoter 45 minutes, puis mixez en plusieurs fois. Reversez dans la casserole, incorporez 300 ml de lait et réchauffez. Versez dans des bols avec 2 cuillerées à soupe de crème fraîche épaisse, de la sauge ciselée et de la poitrine croustillante.

soupe aux marrons

Pour **6 personnes**
Préparation **25 minutes**
Cuisson **1 heure environ**

25 g de **beurre**
1 **oignon** coupé
   grossièrement
2 tranches épaisses
   de **poitrine fumée**,
   coupées en lardons
250 g de **pommes de terre**
   coupées en dés
1 litre de **bouillon de poule**
   ou **de dinde** (page 10)
100 g de **marrons** cuits,
   sous vide
1 bonne pincée de **noix**
   de muscade râpée
250 g de **choux**
   de Bruxelles coupés
   en tranches
sel et **poivre**
4 tranches épaisses
   de **poitrine fumée**, grillées
   et coupées en lardons
   pour servir

Faites chauffer le beurre dans une casserole et faites revenir l'oignon 5 minutes à feu doux. Ajoutez la poitrine fumée et les pommes de terre, mélangez bien dans le beurre, puis couvrez et laissez mijoter 5 minutes jusqu'à ce qu'elles commencent à se colorer.

Versez le bouillon, émiettez les marrons dans la casserole, puis ajoutez la noix de muscade, salez et poivrez. Portez à ébullition, puis couvrez et laissez mijoter 30 minutes. Ajoutez les choux de Bruxelles, couvrez de nouveau et laissez cuire 5 minutes encore jusqu'à ce qu'ils soient tendres mais encore verts.

Laissez refroidir la soupe légèrement, réservez quelques tranches de choux de Bruxelles pour décorer, puis mixez en plusieurs fois. Remettez dans la casserole et réchauffez. Goûtez et rectifiez l'assaisonnement si nécessaire. Garnissez de rondelles de choux de Bruxelles et de lardons fumés.

Pour une soupe aux marrons et aux champignons, supprimez les choux de Bruxelles et ajoutez 250 g de champignons de Paris coupés en lamelles après avoir fait revenir les pommes de terre et la poitrine puis laissez revenir 2 à 3 minutes, en remuant souvent. Ajoutez le bouillon, les marrons, la noix de muscade, salez et poivrez, puis portez à ébullition et laissez cuire 30 minutes. Mixez puis réchauffez la soupe. Servez, garni de crème, de poitrine fumée et de marrons.

harira

Pour **8 à 10 personnes**
Préparation **25 minutes**
+ trempage
Cuisson **3 heures**

250 g de **pois chiches**
trempés une nuit
2 **blancs de poulet** coupés
en deux
1,2 litre de **bouillon**
de poule (page 10)
1,2 litre d'**eau**
800 g de **tomates pelées**
concassées en boîte
¼ de c. à c. de **filaments**
de safran écrasés
(facultatif)
2 **oignons** coupés
en tranches
125 g de **riz long grain**
50 g de **lentilles vertes**
2 c. à s. de **persil** finement
ciselé
2 c. à s. de **coriandre**
finement ciselée
sel et **poivre**

Pour servir
yaourt nature
brins de **coriandre**

Égouttez les pois chiches, rincez-les sous l'eau
froide et égouttez-les de nouveau. Versez-les dans
une casserole, couvrez de 5 cm d'eau et portez
à ébullition. Laissez bouillir à feu vif 10 minutes, puis
baissez le feu et laissez mijoter, à feu doux, partiellement
couvert jusqu'à ce que les pois chiches soient tendres.
Ajoutez de l'eau si nécessaire. Cela prend 1 h 45 environ.
Égouttez les pois chiches et réservez.

Mettez les blancs de poulet, le bouillon et l'eau dans
une autre casserole. Portez à ébullition, baissez le feu,
couvrez et laissez mijoter 10 à 15 minutes jusqu'à ce
que le poulet soit juste cuit. Retirez le poulet du bouillon,
posez-le sur une planche et découpez-le en retirant
la peau.

Réservez les blancs découpés. Ajoutez les pois
chiches, les tomates, le safran (si vous en utilisez),
les oignons, le riz et les lentilles dans le bouillon qui
reste dans la casserole. Couvrez et laissez mijoter
30 à 35 minutes.

Ajoutez le poulet découpé, le persil et la coriandre
juste avant de servir. Réchauffez la soupe 5 minutes
de plus sans la laisser bouillir. Assaisonnez et servez
garni de yaourt nature et de brins de coriandre.

Pour une harira peu onéreuse, remplacez le blanc
de poulet et le safran par ½ cuillerée à café de curcuma
en poudre et ½ cuillerée à café de cannelle en poudre.

soupe à la courge butternut

Pour **6 personnes**
Préparation **25 minutes**
Cuisson **50 minutes**

1 c. à s. d'**huile de tournesol**
1 **oignon** haché
grossièrement
2 c. à s. de **pâte de curry
rouge thaïe** toute prête
1 à 2 gousses d'**ail**
émincées
2,5 cm de **gingembre** frais,
épluché et émincé
1 **courge butternut**
de 750 g, coupée en deux,
vidée, épluchée et coupée
en dés
400 ml de **lait de coco
entier**
750 ml de **bouillon
de légumes** ou **de poule**
(pages 13 et 10)
2 c. à c. de **sauce
de poisson thaïe**
poivre
1 petit bouquet de **coriandre**

Faites chauffer l'huile dans une casserole et faites-y
fondre l'oignon 5 minutes à feu doux. Incorporez
la pâte de curry, l'ail et le gingembre puis faites revenir
1 minute. Ajoutez ensuite la courge, le lait de coco,
le bouillon et la sauce de poisson. Poivrez légèrement
(ne salez pas car la sauce de poisson est très salée),
puis portez à ébullition.

Couvrez la casserole et laissez mijoter 45 minutes,
en remuant de temps en temps, jusqu'à ce que la courge
soit tendre. Laissez refroidir légèrement. Réservez
quelques brins de coriandre pour décorer, ciselez
les autres et ajoutez-les dans la soupe. Mixez en
plusieurs fois. Remettez la soupe dans la casserole
et réchauffez-la. Ajoutez le reste de coriandre
puis servez dans des bols.

Pour une soupe à la courge et au gingembre,
supprimez la pâte de curry thaïe, le lait de coco,
la sauce de poisson et la coriandre. Faites revenir
l'oignon comme ci-dessus, puis mélangez l'ail et
3,5 cm de gingembre frais, épluché et coupé en fines
tranches. Ajoutez la courge comme ci-dessus, 900 ml
de bouillon, salez et poivrez légèrement, puis portez
à ébullition. Couvrez et laissez mijoter 45 minutes.
Mixez et incorporez 300 ml de lait. Réchauffez
et servez avec des croûtons (page 15).

soupe au poivron rouge

Pour **6 personnes**
Préparation **30 minutes**
Cuisson **1 heure**

4 **poivrons rouges** coupés
  en deux, évidés et épépinés
3 c. à s. d'**huile d'olive**
1 gros **oignon** coupé
  grossièrement
2 à 3 gousses d'**ail**
  émincées
400 g de **tomates**
  concassées en boîte
900 ml de **bouillon**
  de légumes ou **de poule**
  (pages 13 et 10)
1 c. à s. de **vinaigre**
  balsamique
sel et **poivre**

Pour servir
huile d'olive
1 poignée de feuilles
  de **basilic**
poivre noir

Stifato au pesto
2 bâtons de **stifato** ou
  des **petits pains longs**
  et fins
2 c. à s. de **pesto**
50 g de **parmesan** râpé

Faites griller les poivrons, peau vers le haut, sous le gril jusqu'à ce qu'ils noircissent. Enveloppez-les dans de l'aluminium et laissez-les refroidir 10 minutes.

Faites chauffer le reste d'huile dans une casserole et faites-y revenir l'oignon 5 minutes à feu doux. Ajoutez l'ail et laissez cuire 1 minute, puis versez les tomates, le bouillon et le vinaigre. Salez et poivrez.

Pelez les poivrons, coupez-les grossièrement, puis ajoutez-les dans la casserole. Portez à ébullition, couvrez et laissez mijoter 30 minutes. Laissez refroidir légèrement, puis mixez.

Remettez la soupe dans la casserole et réchauffez. Goûtez et rectifiez l'assaisonnement. Découpez les petits pains dans le sens de la longueur et faites-les griller des deux côtés. Tartinez-les de pesto, puis saupoudrez de parmesan et passez sous le gril. Versez la soupe dans des bols avec un filet d'huile d'olive, quelques feuilles de basilic et un peu de poivre noir.

Pour une soupe aux poivrons rouges grillés et aux haricots blancs, faites griller les poivrons comme ci-dessus. Pelez-les et coupez-les finement, puis ajoutez-les au mélange d'oignon, de tomates et de bouillon. Omettez le vinaigre balsamique et ajoutez quelques filaments de safran et 400 g de haricots blancs en boîte. Assaisonnez puis couvrez et laissez mijoter 30 minutes. Ne mixez pas la soupe. Servez avec du pain à l'ail.

bouillon au bœuf et aux nouilles

Pour **2 personnes**
Préparation **15 minutes**
Cuisson **15 minutes**

300 g de **filet de bœuf**
2,5 cm de **gingembre** frais
râpé
2 c. à c. de **sauce soja**
50 g de **vermicelles de riz**
600 ml de **bouillon de bœuf**
ou **de poule**
(pages 12 et 10)
1 **piment rouge**, épépiné
et finement haché
1 gousse d'**ail** émincée
2 c. à c. de **sucre semoule**
2 c. à c. d'**huile végétale**
75 g de **pois sugar snaps**
coupés dans le sens
de la longueur
1 petite poignée de **basilic
thaï** déchiré

Ôtez le gras de la viande. Mélangez le gingembre avec 1 cuillerée à café de sauce soja et enduisez les deux côtés du bœuf avec ce mélange. Faites cuire les vermicelles de riz selon les indications du paquet. Égouttez-les et rincez-les à l'eau froide.

Portez le bouillon à frémissement avec le piment, l'ail et le sucre. Couvrez et faites cuire 5 minutes à feu doux.

Faites chauffer l'huile dans une petite poêle à fond épais et faites revenir le bœuf 2 minutes de chaque côté. Puis disposez la viande sur une planche à découper, coupez-la en deux dans le sens de la longueur puis en fines lamelles dans le sens de la largeur.

Ajoutez les vermicelles, les pois sugar snaps, le basilic et le reste de sauce soja dans la soupe et réchauffez 1 minute. Incorporez le bœuf et servez sans attendre.

Pour un bouillon au poulet et à la menthe, remplacez le filet de bœuf par le même poids de blancs de poulet désossés et sans peau, et utilisez de préférence du bouillon de poule. Préparez la soupe comme ci-dessus, mais faites revenir le poulet 5 à 6 minutes de chaque côté afin qu'il soit bien cuit. Garnissez la soupe de 1 petit bouquet de menthe ciselé.

100

soupe courge-chou frisé-haricots

Pour **6 personnes**
Préparation **15 minutes**
Cuisson **45 minutes**

1 c. à s. d'**huile d'olive**
1 **oignon** émincé
2 gousses d'**ail** émincées
1 c. à c. de **paprika**
500 g de **courge butternut**
  épépinée, épluchée,
  coupée en tranches
  puis en dés
2 petites **carottes** coupées
  en dés
500 g de **tomates** pelées
  si vous souhaitez, coupées
  grossièrement
400 g de **haricots**
  mélangés en boîte
900 ml de **bouillon**
  de légumes ou **de poule**
  (pages 13 et 10)
150 ml de **crème fraîche**
  entière
100 g de **chou frisé** ciselé
sel et **poivre**

Faites chauffer l'huile d'olive dans une casserole et faites-y revenir l'oignon 5 minutes à feu doux. Incorporez l'ail et le paprika et faites revenir rapidement. Ajoutez la courge, les carottes, les tomates et les haricots égouttés.

Versez le bouillon, salez et poivrez puis portez à ébullition en remuant. Couvrez et laissez mijoter 25 minutes jusqu'à ce que les légumes soient tendres.

Incorporez la crème fraîche dans la soupe, puis plongez le chou frisé juste sous la surface du bouillon. Couvrez et faites cuire 5 minutes jusqu'à ce que le chou soit ramolli. Servez dans des bols avec du pain chaud à l'ail.

Pour une soupe à la courge, au poivron, aux haricots et au fromage, faites revenir l'oignon dans l'huile d'olive comme ci-dessus, ajoutez l'ail, le paprika, la courge, les tomates et les haricots. Remplacez les carottes par du poivron rouge épépiné. Versez le bouillon, puis ajoutez 65 g de copeaux de parmesan et assaisonnez. Couvrez et laissez mijoter 25 minutes. Incorporez la crème fraîche mais ne mettez pas de chou frisé. Retirez les copeaux de parmesan, servez la soupe dans des bols et agrémentez de parmesan fraîchement râpé.

soupe butternut-romarin

Pour **6 personnes**
Préparation **15 minutes**
Cuisson **1 h 15**

1 **courge butternut**
2 c. à s. d'**huile d'olive**
quelques brins de **romarin**
  + quelques-uns
  pour décorer
150 g de **lentilles corail**
  lavées
1 **oignon** émincé
900 ml de **bouillon
  de légumes** (page 13)
sel et **poivre**

Coupez la courge en deux et retirez les graines
et la peau fibreuse à l'aide d'une cuillère. Disposez
la courge épluchée et coupée en petits morceaux
dans un plat à four. Arrosez d'huile d'olive, parsemez
de romarin, salez et poivrez généreusement. Faites
rôtir 45 minutes dans un four préchauffé à 200 °C.

Pendant ce temps, versez les lentilles dans une
casserole, couvrez-les d'eau, portez à ébullition
et laissez bouillir à feu vif 10 minutes. Égouttez
les lentilles, puis remettez-les dans une casserole
propre avec l'oignon et le bouillon puis laissez mijoter
5 minutes. Salez et poivrez.

Retirez la courge du four, écrasez la chair à la fourchette
et ajoutez-la à la soupe. Laissez mijoter 25 minutes,
puis servez dans des bols avec du romarin.

Pour une soupe épicée au butternut, faites griller
la courge et faites cuire les lentilles comme ci-dessus.
Faites chauffer 1 cuillerée à soupe d'huile de tournesol
dans une casserole, ajoutez 1 oignon haché et faites-le
fondre 5 minutes. Incorporez 2 cuillerées à café de pâte
de curry doux et 3,5 cm de gingembre frais émincé.
Ajoutez les lentilles égouttées et le bouillon puis laissez
mijoter 5 minutes. Écrasez la courge comme ci-dessus
et incorporez-la à la soupe. Garnissez de feuilles
de coriandre ciselées.

soupe de panais grillés au miel

Pour **6 personnes**
Préparation **20 minutes**
Cuisson **50 à 55 minutes**

750 g de **panais** coupés
en morceaux
2 **oignons** coupés
en morceaux
2 c. à s. d'**huile d'olive**
2 c. à s. de **miel liquide**
1 c. à c. de **curcuma
en poudre**
½ c. à c. de **piment sec**
concassé
3 gousses d'**ail** coupées
grossièrement
1,2 litre de **bouillon
de légumes** ou **de poule**
(pages 13 et 10)
2 c. à s. de **vinaigre
de xérès** ou **de cidre**
150 ml de **crème fraîche
épaisse**
5 cm de **gingembre** frais,
épluché et râpé
sel et **poivre**
un peu de **curcuma**
pour servir

Disposez les panais et les oignons dans un grand plat
à four en une seule couche, puis arrosez-les d'huile
d'olive et de miel. Saupoudrez de curcuma, de piment
et d'ail.

Faites rôtir 45 à 50 minutes dans un four préchauffé
à 190 °C, en retournant une fois, jusqu'à ce que
les légumes prennent une belle couleur caramélisée.

Transférez le plat sur la plaque chauffante, ajoutez
le bouillon et le vinaigre. Salez et poivrez. Portez
à ébullition en faisant remonter les sucs vers le haut
du plat. Laissez mijoter 5 minutes.

Laissez la soupe refroidir légèrement, puis mixez-la dans
un blender en plusieurs fois. Versez dans une casserole
et réchauffez. Goûtez et rectifiez l'assaisonnement,
ajoutez un peu de bouillon si nécessaire. Préparez
un mélange avec la crème, le gingembre et un peu de
poivre. Versez la soupe dans des bols avec de la crème
au gingembre, puis saupoudrez de curcuma. Servez
avec des croûtons (page 15).

Pour une soupe aux patates douces rôties au miel,
remplacez les panais par 750 g de patates douces,
coupées en morceaux et saupoudrées de 1 cuillerée
à café de graines de sésame, en plus du curcuma et
du piment. Faites cuire au four et poursuivez la recette
comme ci-dessus. Servez dans des bols avec un peu
de yaourt nature et 1 cuillerée à café de chutney
de mangue.

soupe de panais et de pois cassés

Pour **6 personnes**
Préparation **20 minutes**
Cuisson **1 h 15**

250 g de **pois cassés
jaunes**, trempés dans
l'eau froide toute la nuit
300 g de **panais** coupés
en gros morceaux
1 **oignon** coupé
grossièrement
1,5 litre de **bouillon
de poule** ou **de légumes**
(pages 10 et 13)
sel et **poivre**

Beurre de coriandre
1 c. à c. de **graines
de sésame** grossièrement
pilées
1 c. à c. de **graines
de coriandre**
grossièrement pilées
2 gousses d'**ail** émincées
75 g de **beurre**
1 petit bouquet de **coriandre**
frais

Égouttez les pois cassés et mettez-les dans
une casserole avec les panais, l'oignon et le bouillon.
Portez à ébullition et laissez bouillir 10 minutes. Réduisez
le feu, couvrez et laissez mijoter 1 heure jusqu'à
ce que les pois cassés soient tendres.

Pendant ce temps, préparez le beurre de coriandre.
Faites revenir à la poêle les graines de sésame et de
coriandre avec l'ail jusqu'à ce que le tout soit légèrement
grillé. Incorporez ce mélange, ainsi que les feuilles
de coriandre, au beurre. Salez et poivrez légèrement.
Donnez une forme de saucisse au beurre
et enveloppez-le de film alimentaire ou de papier
d'aluminium et placez-le au réfrigérateur.

Écrasez grossièrement la soupe ou mixez-la en
plusieurs fois si vous préférez. Réchauffez avec la
moitié du beurre de coriandre jusqu'à ce qu'il soit
fondu. Ajoutez un peu de bouillon si nécessaire et
assaisonnez selon votre goût. Versez dans des bols
et ajoutez une tranche de beurre de coriandre dessus.
Accompagnez de pain pita grillé.

**Pour une soupe aux pois cassés et carottes avec
du beurre de piment,** préparez la soupe en remplaçant
les panais par 300 g de carottes coupées en dés. Mixez
et réchauffez comme ci-dessus. Préparez le beurre
de piment en mélangeant 75 g de beurre avec le jus
et le zeste râpé de 1 citron vert, 2 oignons verts
émincés et ½ à 1 gros piment doux concassé.

bouillon à la bière aux boulettes

Pour **6 personnes**
Préparation **25 minutes**
Cuisson **1 h 15**

25 g de **beurre**
1 **oignon** coupé
200 g de **pommes de terre**
  coupées en dés
125 g de **rutabagas** ou
  de **panais**, coupés en dés
1 **carotte** coupée en dés
2 **tomates**, pelées
  si vous souhaitez,
  coupées grossièrement
½ **citron** coupé en tranches
900 ml de **bouillon de bœuf**
  (page 12)
450 ml de **bière blonde**
¼ de c. à c. de **cannelle**
  en poudre
¼ de c. à c. de **noix**
  de muscade râpée
100 g de **chou vert** coupé
  en fines lamelles
sel et **poivre**

Boulettes de viande
250 g de **bœuf haché**
  maigre
40 g de **riz long grain**
3 c. à s. de **persil** ciselé
  + un peu plus pour décorer
¼ de c. à c. de **noix**
  de muscade râpée

Faites chauffer le beurre dans une grande casserole et faites-y revenir l'oignon à feu doux. Incorporez les légumes coupés en dés, les tomates et le citron.

Ajoutez le bouillon et la bière, puis les épices. Salez et poivrez. Portez à ébullition, couvrez et laissez mijoter 45 minutes.

Mélangez tous les ingrédients des boulettes de viande. Humidifiez vos mains pour diviser la préparation en 18 petites boulettes. Ajoutez les boulettes de viande à la soupe, portez de nouveau à ébullition, couvrez et laissez mijoter 10 minutes. Ajoutez le chou et faites cuire 10 minutes, le temps que le chou soit tendre et les boulettes cuites à cœur. Goûtez et rectifiez l'assaisonnement. Servez dans des bols avec un peu de persil ciselé.

Pour un bouillon à la bière et aux dumplings

au saindoux, faites fondre 500 g d'oignons émincés à feu doux, dans le beurre, pendant 20 minutes. Saupoudrez de 2 cuillerées à café de sucre brun et faites revenir 10 minutes en remuant pour caraméliser. Ajoutez les rondelles de citron, le bouillon, la bière et les épices mais pas les légumes-racines, ni les tomates. Laissez mijoter 20 minutes. Mélangez 100 g de farine avec 50 g de margarine végétale, 2 cuillerées à soupe de persil ciselé, du sel et du poivre. Incorporez 4 cuillerées à soupe d'eau, puis façonnez des petites boulettes. Ajoutez-les dans le bouillon frémissant et faites cuire 10 minutes. Servez dans des bols.

soupe de courge butternut au fromage

Pour **6 personnes**
Préparation **25 minutes**
Cuisson **1 heure environ**

2 c. à s. d'**huile d'olive**
1 **oignon** coupé
  grossièrement
1 **courge butternut**
  de 750 g, coupée en deux,
  épépinée, épluchée
  et coupée en morceaux
1 à 2 gousses d'**ail** émincées
2 grandes branches
  de **sauge**
1 litre de **bouillon**
  de poule ou **de légumes**
  (pages 10 et 13)
65 g de copeaux
  de **parmesan**
sel et **poivre**

Touche finale
huile de friture
1 petit bouquet de **sauge**
parmesan râpé

Faites chauffer l'huile d'olive dans une casserole
et faites revenir l'oignon 5 minutes. Ajoutez la courge,
l'ail et la sauge et faites revenir 5 minutes en remuant.
Versez le bouillon et ajoutez les copeaux de parmesan.
Salez et poivrez. Portez à ébullition, puis couvrez
et laissez mijoter 45 minutes.

Jetez la sauge et les copeaux de parmesan. Laissez
légèrement refroidir la soupe, puis mixez-la. Réchauffez
dans la casserole. Ajoutez un peu de bouillon si
nécessaire et rectifiez l'assaisonnement.

Remplissez à moitié une petite casserole avec de l'huile
et faites chauffer. Séparez les feuilles de sauge de
leurs tiges et plongez-les dans l'huile 1 ou 2 minutes.
Retirez-les à l'aide d'une écumoire et posez-les
sur du papier absorbant.

Versez la soupe dans des bols, agrémentez de quelques
feuilles de sauge croustillantes et de parmesan râpé.
Servez la sauge et le parmesan restant dans un bol.

Pour une soupe de Halloween à la citrouille, faites
revenir les oignons comme ci-dessus. Coupez la citrouille
de 1,5 kg en quatre, retirez les graines, épluchez et
coupez en morceaux. Faites-les revenir 5 minutes avec
les oignons. Remplacez l'ail et la sauge par 1 cuillerée
à café de cumin en poudre, 1 cuillerée à café de
coriandre en poudre et 1 cuillerée à café de gingembre
en poudre, ajoutez-les au bouillon. Couvrez et laissez
mijoter 30 minutes, puis mixez et réchauffez.

soupe à la queue de bœuf

Pour **6 personnes**
Préparation **25 minutes**
Cuisson **4 h 15**

1 c. à s. d'**huile de tournesol**
500 g de **queue de bœuf**
sans ficelle, coupée
en morceaux
1 **oignon** émincé
2 **carottes** coupées en dés
2 branches de **céleri**
coupées en dés
200 g de **pommes de terre**
coupées en dés
1 petit **bouquet garni**
2 litres de **bouillon de bœuf**
(page 12)
450 ml de **bière forte**
2 c. à c. de **moutarde forte**
2 c. à s. de **sauce**
Worcestershire
1 c. à s. de **concentré**
de tomates
410 g de **haricots blancs**
en boîte, égouttés
sel et **poivre**
persil ciselé pour décorer

Faites chauffer l'huile dans une grande casserole, ajoutez les morceaux de queue de bœuf et faites dorer d'un côté. Retournez la viande et ajoutez l'oignon, tournez pour le colorer de tous les côtés. Incorporez les carottes, le céleri, les pommes de terre et le bouquet garni puis faites revenir 2 à 3 minutes.

Versez le bouillon de bœuf et la bière dans la casserole, puis ajoutez la moutarde, la sauce Worcestershire, le concentré de tomates et les haricots blancs. Salez et poivrez généreusement, puis portez à ébullition en remuant. Couvrez à moitié la casserole et laissez mijoter doucement pendant 4 heures.

Sortez la queue de bœuf et le bouquet garni de la casserole à l'aide d'une écumoire. Jetez le bouquet garni et débarrassez la viande de ses os et du gras. Remettez la viande dans le bouillon, réchauffez et vérifiez l'assaisonnement. Servez dans des bols avec du persil ciselé. Accompagnez de pain croustillant.

Pour une soupe glacée à la queue de bœuf et aux haricots rouges, remplacez le bouquet garni par 2 gousses d'ail émincées, 2 feuilles de laurier, 1 cuillerée à café de piment fort pilé, 1 cuillerée à café de graines de cumin broyées et 1 cuillerée à café de graines de coriandre broyées que vous incorporez aux légumes. Puis ajoutez le bouillon de bœuf, 400 g de tomates en boîte, 1 cuillerée à soupe de concentré de tomates et 400 g de haricots rouges en boîte, égouttés. Portez à ébullition, laissez mijoter et terminez comme ci-dessus.

soupe au chou et croûtons à l'ail

Pour **8 à 10 personnes**
Préparation **20 à 25 minutes**
Cuisson **50 minutes**

50 g de **beurre**
   ou de **margarine**
1 **oignon** tranché
2 **carottes** coupées
   en rondelles
500 g de **chou frisé**,
   cœur retiré
1,2 litre d'**eau**
600 ml de **bouillon**
   de légumes (page 13)
1 c. à s. de **jus de citron**
300 g de **pommes de terre**,
   épluchées et coupées
   en tranches
1 pincée de **noix**
   de muscade râpée
sel et **poivre**
2 feuilles de **chou frisé**,
   coupées en lanières,
   pour décorer

Croûtons à l'ail
6 à 8 tranches de **pain**
   blanc ou **brun**
   sans la croûte
6 à 8 c. à s. d'**huile d'olive**
3 gousses d'**ail** émincées

Faites fondre le beurre ou la margarine dans une grande casserole et faites revenir l'oignon 5 minutes. Ajoutez les carottes et le chou en plusieurs fois, en remuant sans cesse, et faites revenir 2 minutes.

Ajoutez l'eau, le bouillon, le jus de citron, les pommes de terre et la noix de muscade. Salez et poivrez. Portez à ébullition en remuant de temps en temps. Baissez le feu, couvrez et laissez mijoter 35 minutes. Mixez en plusieurs fois, en ajoutant de l'eau si la soupe est trop épaisse.

Pour les croûtons, coupez le pain en dés de 1 cm. Faites chauffer l'huile dans une grande poêle, ajoutez l'ail et faites revenir 1 minute à feu moyen. Ajoutez le pain et faites-le dorer de tous côtés en le retournant régulièrement. Disposez les croûtons sur du papier absorbant à l'aide d'une passoire pour les égoutter. Jetez l'ail, puis ajoutez le chou coupé en fines lanières dans la poêle, en remuant sans cesse, pour les rendre croustillantes. Goûtez la soupe et rectifiez l'assaisonnement. Réchauffez sans faire bouillir. Servez la soupe dans des assiettes chaudes avec les croûtons à l'ail et le chou croustillant.

Pour une soupe épicée au chou frisé, faites revenir l'oignon comme ci-dessus, ajoutez les carottes et le chou en plusieurs fois, puis incorporez 1 cuillerée à café de paprika et les gousses d'ail hachées et laissez cuire 2 minutes. Poursuivez la recette comme ci-dessus, en ajoutant ¼ de cuillerée à café de piment rouge séché et concassé dans l'huile des croûtons.

soupes
pour changer

fausse bouillabaisse

Pour **6 personnes**
Préparation **15 minutes**
Cuisson **30 minutes**

2 c. à s. d'**huile d'olive**
1 gros **oignon** émincé
1 **poireau** coupé
  en fines rondelles
2 bonnes pincées
  de **filaments de safran**
2 gousses d'**ail** hachées
  finement
500 g de **tomates olivettes**
  pelées, coupées
  en gros morceaux
150 ml de **vin blanc sec**
600 ml de **bouillon**
  de poisson (page 13)
2 à 3 brins de **thym** effeuillés
500 g de **poisson blanc**
  à chair ferme (lotte, merlu,
  aiglefin ou cabillaud),
  sans la peau et coupé
  en morceaux
400 g de **cocktail de fruits**
  de mer surgelés,
  décongelés et égouttés
sel et **poivre**
½ **pain de campagne**
  tranché et grillé

Faites chauffer l'huile d'olive dans une grande casserole et faites fondre l'oignon et le poireau 5 minutes à feu doux, en remuant. Pendant ce temps, trempez le safran dans 1 cuillerée à soupe d'eau bouillante.

Ajoutez l'ail et les tomates dans la casserole et faites revenir 2 à 3 minutes, puis incorporez le safran imbibé d'eau, le vin, le bouillon de poisson et le thym. Salez et poivrez légèrement. Couvrez et laissez mijoter 10 minutes.

Ajoutez le poisson et laissez cuire 3 minutes à couvert. Ajoutez les fruits de mer, couvrez et laissez mijoter encore 5 minutes jusqu'à ce que tout le poisson soit cuit. Versez dans des bols et servez avec du pain de campagne tartiné de rouille (voir ci-dessous).

Pour une rouille maison à servir en accompagnement, égouttez 3 poivrons rouges grillés, en bocal, puis mixez-les avec 2 ou 3 gousses d'ail, 1 cuillerée à café de purée de piment rouge, 1 tranche de pain blanc émietté, 1 bonne pincée de filaments de safran trempés dans 1 cuillerée à soupe d'eau bouillante et 3 cuillerées à soupe d'huile d'olive. Versez dans un petit bol.

soupe citrouille-orange-anis étoilé

Pour **6 personnes**
Préparation **25 minutes**
Cuisson **50 minutes**

25 g de **beurre**
1 **oignon** coupé
  grossièrement
1 petite **citrouille** d'environ
  1,5 kg, coupée en quatre,
  évidée, épluchée,
  puis coupée en dés
le **zeste** râpé et le **jus**
  de 2 petites **oranges**
1 litre de **bouillon**
  de légumes ou **de poule**
  (pages 13 et 10)
3 **étoiles d'anis** entières
  ou en morceaux + 6 étoiles
  entières pour décorer
sel et **poivre**
grains de poivre noir
  du moulin pour servir
  (facultatif)

Faites chauffer le beurre dans une grande casserole et faites fondre l'oignon 5 minutes à feu doux. Ajoutez la citrouille, roulez-la bien dans le beurre et faites-la revenir 5 minutes, en remuant.

Incorporez le zeste et le jus des oranges, le bouillon et l'anis étoilé. Salez, poivrez et portez à ébullition. Couvrez et laissez mijoter 30 minutes, en remuant de temps en temps, jusqu'à ce que la citrouille commence à s'écraser. Retirez l'anis étoilé et réservez.

Laissez refroidir la soupe légèrement, puis réduisez-la en purée au blender, en plusieurs fois. Remettez la soupe dans la casserole et réchauffez. Goûtez et rectifiez l'assaisonnement si nécessaire.

Versez la soupe dans des bols et garnissez chacun d'une étoile d'anis entière et d'un peu de poivre noir du moulin ou d'une tranche de beurre d'orange aux épices et au piment. Accompagnez de petits pains au sésame.

Pour préparer un beurre d'orange aux épices
et au piment à servir en accompagnement, battez 75 g de beurre avec le zeste râpé de 1 grosse orange, 1 gros piment rouge doux, épépiné et haché finement, 1 pincée de curcuma en poudre et 1 pincée de clous de girofle en poudre. Donnez au beurre la forme d'une saucisse et enveloppez-la de film alimentaire. Laissez refroidir au réfrigérateur, retirez le film et coupez-la en tranches pour l'ajouter à la soupe au moment de servir.

soupe de chou-fleur au gingembre

Pour **6 personnes**
Préparation **25 minutes**
Cuisson **25 minutes**

1 c. à s. d'**huile de tournesol**
25 g de **beurre**
1 **oignon** haché
  grossièrement
1 **chou-fleur** détaillé
  en fleurettes (500 g
  une fois préparé)
3,5 cm de **gingembre** frais,
  épluché et finement haché
900 ml de **bouillon**
  de légumes ou **de poule**
  (pages 13 et 10)
300 ml de **lait**
150 ml de **crème fraîche**
  épaisse
sel et poivre

Graines à la sauce soja
1 c. à s. d'**huile de tournesol**
2 c. à s. de **graines**
  de sésame
2 c. à s. de **graines**
  de tournesol
2 c. à s. de **graines**
  de citrouille
1 c. à s. de **sauce soja**

Faites chauffer l'huile et le beurre dans une casserole et faites fondre l'oignon 5 minutes. Ajoutez le chou-fleur et le gingembre, puis versez le bouillon. Salez, poivrez et portez à ébullition. Couvrez et laissez mijoter 15 minutes.

Pendant ce temps, préparez les graines à la sauce soja. Faites chauffer l'huile dans une poêle, ajoutez les graines et faites-les colorer 2 à 3 minutes en remuant. Ajoutez la sauce soja, puis couvrez rapidement jusqu'à ce que les graines aient cessé d'exploser. Réservez.

Mixez la soupe cuite, en plusieurs fois, puis remettez-la dans la casserole et incorporez le lait et la moitié de la crème fraîche. Portez à frémissement, goûtez et rectifiez l'assaisonnement.

Versez la soupe dans des assiettes, ajoutez le reste de crème fraîche et quelques graines à la sauce soja. Servez le reste des graines dans un petit bol.

Pour une soupe crémeuse au chou-fleur
et aux noix de cajou, faites chauffer l'huile de tournesol et le beurre comme ci-dessus et faites revenir l'oignon haché avec 50 g de noix de cajou. Incorporez le chou-fleur et le bouillon comme ci-dessus. Salez, poivrez et ajoutez un peu de noix de muscade râpée. Laissez mijoter 15 minutes. Mixez et terminez avec du lait et de la crème fraîche. Versez dans des bols avec 50 g de noix de cajou légèrement grillées dans du beurre, puis caramélisées 1 à 2 minutes de plus avec du miel.

bouillabaisse aux épinards

Pour **6 personnes**
Préparation **15 minutes**
Cuisson **30 minutes**
   environ

2 c. à s. d'**huile d'olive**
1 **oignon** haché finement
1 **fenouil** coupé en dés
400 g de **pommes de terre**
   coupées en dés
4 gousses d'**ail** hachées
   finement
3 pincées de **filaments
   de safran**
1,8 litre de **bouillon
   de légumes** ou **de poule**
   (pages 13 et 10)
150 ml de **vin blanc sec**
125 g de jeunes pousses
   d'**épinard**, rincées
   et égouttées
6 **œufs**
sel et **poivre**

Faites chauffer l'huile d'olive dans une grande casserole ou une sauteuse. Faites-y revenir l'oignon 5 minutes. Ajoutez le fenouil (réservez le feuillage vert pour décorer), les pommes de terre et l'ail puis faites revenir 5 minutes de plus en remuant.

Incorporez le safran, le bouillon et le vin blanc. Salez et poivrez, puis portez à ébullition. Couvrez et laissez frémir 15 minutes, en tournant de temps en temps, jusqu'à ce que les pommes de terre soient tendres.

Ajoutez les épinards (les grandes feuilles ciselées) et faites cuire 2 à 3 minutes. Goûtez et rectifiez l'assaisonnement si nécessaire. Retirez les légumes à l'aide d'une écumoire et répartissez-les dans des assiettes à soupe chaudes. Cassez les œufs, un à un, dans le bouillon chaud, en les espaçant, et laissez bouillonner à feu doux 3 à 4 minutes jusqu'à ce que les blancs aient durci et les jaunes soient cuits à votre goût.

Ôtez délicatement les œufs du bouillon à l'aide d'une écumoire et disposez-les dans les assiettes, sur les légumes. Versez le bouillon autour, décorez avec le vert ciselé des fenouils et saupoudrez de poivre noir. Servez avec du pain ciabatta grillé.

Pour une soupe crémeuse aux épinards et au fenouil,
préparez la soupe comme ci-dessus avec 1,2 litre de bouillon et 150 ml de vin blanc. Une fois les épinards ramollis, mixez la soupe en plusieurs fois. Réchauffez, sans ajouter les œufs, et servez avec une cuillerée de crème fraîche et du vert de fenouil ou d'aneth.

soupe aux pommes et au céleri

Pour **6 personnes**
Préparation **25 minutes**
Cuisson **40 minutes**
environ

25 g de **beurre**
1 **oignon** haché
grossièrement
1 **pomme de terre**
de 250 g, coupée en dés
1 **pomme à cuire** de 250 g,
épluchée et coupée en dés
1 tête de **céleri** parée
750 ml de **bouillon de poule**
ou **de légumes**
(pages 10 et 13)
300 ml de **lait**
sel et **poivre**

Crème au bleu et aux noix
50 g de **bleu**, sans la croûte,
coupé en dés
25 g de **cerneaux de noix**
hachés
6 c. à s. de **crème fraîche
épaisse**
2 c. à s. de **ciboulette** ciselée
ou le vert de 2 **oignons
verts**, ciselé

Faites chauffer le beurre dans une casserole et faites
fondre l'oignon 5 minutes. Incorporez la pomme de terre
et la pomme, couvrez et faites revenir 10 minutes à feu
doux, en remuant de temps en temps.

Réservez les minuscules feuilles de céleri pour
la décoration et conservez-les dans un bol d'eau.
Coupez les tiges en tranches et faites revenir les plus
grandes feuilles 2 à 3 minutes avec l'oignon. Versez
le bouillon, salez, poivrez et portez à ébullition. Couvrez
et laissez mijoter 15 minutes.

Mixez la soupe en plusieurs fois. Remettez-la dans
la casserole, le lait puis réchauffez de nouveau.

Incorporez la moitié du bleu et des noix à la crème
fraîche, puis incorporez la ciboulette ou le vert des
oignons, du sel et du poivre. Répartissez la soupe
dans les assiettes, puis ajoutez au centre une cuillerée
de la crème au bleu. Ajoutez le reste de fromage et
de noix et un peu de poivre noir.

Pour une soupe aux pommes et au panais,
supprimez la pomme de terre et le céleri et faites
revenir 625 g de panais coupés en dés avec la pomme.
Incorporez 1 ½ cuillerée de graines de cumin broyées
et ½ cuillerée de curcuma, puis 900 ml de bouillon de
légumes ou de poule et assaisonnez. Portez à ébullition,
puis couvrez et laissez mijoter 45 minutes. Mixez
et réchauffez avec le lait. Préparez la crème au bleu
comme ci-dessus, mais en remplaçant les noix par
½ cuillerée à café de piment rouge haché finement.

soupe orientale aux moules

Pour **4 personnes**
Préparation **25 minutes**
Cuisson **20 à 25 minutes**

1 c. à s. d'**huile**
de tournesol
3 **oignons verts** émincés
½ **poivron rouge**, évidé,
épépiné et coupé en dés
1 gousse d'**ail** hachée
finement
2,5 cm de **gingembre** frais,
épluché et râpé
3 c. à c. de **pâte de curry**
rouge thaïe toute prête
400 ml de **lait de coco**
en boîte
450 ml de **bouillon de**
poisson ou de **légumes**
(page 13)
2 c. à c. de **sauce**
de poisson thaïe
le **zeste** râpé de 1 **citron vert**
1 petit bouquet de **coriandre**
500 g de **moules** nettoyées
– grattées et filaments
retirés, les moules ouvertes
ou cassées jetées

Faites chauffer l'huile dans une grande casserole peu profonde, ajoutez les oignons verts, le poivron rouge, l'ail et le gingembre et faites revenir 2 minutes. Incorporez la pâte de curry et faites revenir 1 minute avant d'incorporer le lait de coco, le bouillon, la sauce de poisson et le zeste de citron vert. Portez à ébullition et laissez mijoter 5 minutes.

Ciselez la moitié de la coriandre fraîche dans la soupe. Ajoutez les moules, puis couvrez et laissez cuire 8 à 10 minutes le temps que les moules s'ouvrent.

Retirez les moules de la soupe et disposez-les dans un grand plat. Jetez celles qui sont fermées et réservez la moitié des autres dans leur coquille pour garnir. Ôtez les moules restantes de leur coquille et mettez-les dans la soupe. Versez la soupe dans des bols, décorez avec les moules dans leur coquille et garnissez avec le reste de coriandre ciselée. Accompagnez de pain croustillant.

Pour une soupe de moules au safran, faites revenir 3 oignons verts émincés, 2 gousses d'ail émincées, ½ ou 1 grand piment rouge doux épépiné et haché, ½ poivron rouge et ½ poivron jaune ou orange, épépinés et coupés en dés, dans 1 cuillerée à soupe d'huile d'olive. Ajoutez 3 bonnes pincées de filaments de safran, 150 ml de vin blanc et 750 ml de bouillon de poisson ou de légumes. Salez, poivrez et laissez mijoter 5 minutes. Ajoutez les moules comme ci-dessus, couvrez et laissez mijoter jusqu'à ce que les coquilles s'ouvrent. Servez dans des assiettes à soupe avec du persil ciselé.

bisque de crabe

Pour **6 personnes**
Préparation **20 minutes**
Cuisson **25 minutes**

25 g de **beurre**
1 **oignon** haché
grossièrement
2 c. à s. de **cognac**
ou d'**armagnac**
40 g de **riz long grain**
300 ml de **bouillon
de poisson** (page 13)
150 g de **chair de crabe**
frais + 1 **crabe** pour servir
(facultatif)
2 **filets d'anchois**
en conserve, égouttés
et hachés
½ c. à c. de **paprika doux**
200 ml de **lait**
150 ml de **crème fraîche
épaisse**
sel et **poivre de Cayenne**

Faites chauffer le beurre dans une casserole puis faites fondre l'oignon 5 minutes à feu doux. Ajoutez le cognac et, dès qu'il bout, flambez-le avec une longue allumette. Une fois les flammes éteintes, incorporez le riz et versez le bouillon de poisson.

Ajoutez la chair du crabe, puis incorporez les anchois et le paprika. Salez, poivrez, et portez à ébullition. Couvrez et laissez mijoter 20 minutes.

Laissez la soupe refroidir légèrement puis mixez-la en plusieurs fois. Remettez-la dans la casserole et incorporez le lait et la crème fraîche. Réchauffez sans laisser bouillir. Goûtez et rectifiez l'assaisonnement.

Versez dans des tasses et saupoudrez de paprika. Sortez la chair de la coquille du dernier crabe et émiettez-la. Servez dans un bol à part.

Pour un chowder au crabe et au saumon, faites revenir l'oignon dans le beurre comme ci-dessus. Faites revenir 200 g de pommes de terre coupées en dés pendant 5 minutes. Ajoutez 2 cuillerées à soupe de cognac et flambez. Incorporez 600 ml de bouillon de poisson, la chair de crabe, les anchois et le paprika. Couvrez et laissez mijoter 15 minutes. Ajoutez 300 g de filet de saumon, coupé en 2 tranches épaisses, couvrez et laissez mijoter 10 minutes de plus. Sortez le saumon, ôtez la peau, émiettez la chair et retirez les arêtes. Remettez le poisson dans la soupe, incorporez 200 ml de lait et 150 ml de crème fraîche épaisse. Réchauffez puis servez.

soupe aux épinards et au haddock

Pour **6 personnes**
Préparation **30 minutes**
Cuisson **1 heure environ**

25 g de **beurre**
1 **oignon** haché
  grossièrement
1 **pomme de terre**
  de 250 g, coupée en dés
1 litre de **bouillon**
  de légumes ou **de poule**
  (pages 13 et 10)
¼ de c. à c. de **noix**
  de muscade râpée
225 g de jeunes pousses
  d'**épinard**, rincées
  et égouttées
300 ml de **lait**
400 g de **haddock fumé**
9 **œufs de caille**
2 **jaunes d'œufs**
150 ml de **crème fraîche**
  épaisse
sel et **poivre**

Faites chauffer le beurre dans une casserole et faites fondre l'oignon 5 minutes à feu doux. Ajoutez la pomme de terre, couvrez et laissez cuire 10 minutes, en remuant.

Versez le bouillon, ajoutez la noix de muscade, salez et poivrez, puis portez à ébullition. Couvrez et laissez mijoter 20 minutes. Réservez quelques minuscules feuilles d'épinard pour la décoration et ajoutez le reste dans la casserole. Couvrez et laissez 5 minutes sur le feu.

Mixez la soupe en plusieurs fois puis remettez-la dans la casserole, incorporez le lait et réservez.

Coupez le haddock en deux, faites-le cuire à la vapeur 8 à 10 minutes jusqu'à ce que la chair se détache au couteau. Mettez les œufs de caille dans une petite casserole d'eau froide, portez à ébullition et laissez cuire 2 à 3 minutes. Égouttez, rincez puis écalez.

Mélangez les 2 jaunes d'œufs avec la crème fraîche. Incorporez à la soupe et portez-la à ébullition en remuant. Goûtez et rectifiez l'assaisonnement. Émiettez le poisson, en ôtant la peau et les arêtes, et disposez-le en petits tas dans des assiettes. Déposez dessus des demi-œufs de caille. Versez la soupe autour du poisson et des œufs puis décorez de petites feuilles d'épinard et poivrez.

Pour une soupe à la crème d'ortie, remplacez les épinards par 200 g de jeunes feuilles d'ortie. (Équipez-vous de gants en caoutchouc pour ramasser les orties qui sont urticantes et rincez bien les feuilles sous l'eau froide.) Garnissez la soupe de cubes de jambon fumé.

velouté de carotte, huile à la menthe

Pour **6 personnes**
Préparation **20 minutes**
Cuisson **1 heure à 1 h 15**

2 c. à s. d'**huile d'olive**
1 **oignon** haché
   grossièrement
750 g de **carottes** coupées
   en dés
40 g de **riz long grain**
1 litre de **bouillon**
   de légumes ou **de poule**
   (pages 13 et 10)
300 ml de **lait**

Huile à la menthe
15 g de **menthe** fraîche
¼ de c. à c. de **sucre**
   semoule
3 c. à s. d'**huile d'olive**
sel et **poivre**

Faites chauffer l'huile d'olive dans une casserole, puis faites revenir l'oignon 5 minutes. Ajoutez les carottes et faites revenir 5 minutes. Incorporez le riz et le bouillon. Salez et poivrez légèrement. Portez à ébullition, puis couvrez et laissez mijoter 45 minutes, en remuant de temps en temps.

Pendant ce temps, préparez l'huile à la menthe. Mettez les feuilles de menthe dans un robot de cuisine avec le sucre et un peu de poivre. Hachez finement puis incorporez l'huile d'olive progressivement tout en mixant. Transférez dans un petit bol puis mélangez avant de vous en servir.

Rincez le robot de cuisine, puis mixez la soupe en plusieurs fois. Remettez-la dans la casserole et incorporez le lait. Réchauffez, goûtez et rectifiez l'assaisonnement. Versez dans des bols puis agrémentez d'un filet d'huile à la menthe et de quelques feuilles de menthe. Accompagnez de muffins à la courgette.

Pour des muffins à la courgette à servir en accompagnement, mettez 300 g de farine à levure incorporée dans un bol avec 3 cuillerées à café de levure chimique, 75 g de parmesan râpé, 200 g de courgette râpée grossièrement, 150 ml de yaourt nature à 0 %, 3 cuillerées à soupe d'huile d'olive, 3 œufs et 3 cuillerées à soupe de lait. Mélangez à la fourchette, puis répartissez dans un moule à muffins à 12 alvéoles doublées de caissettes en papier. Enfournez dans un four préchauffé à 200 °C pour 18 à 20 minutes jusqu'à ce que les muffins soient gonflés et bien dorés. Servez chaud.

soupe aux coques

Pour **6 personnes**
Préparation **30 minutes**
Cuisson **45 minutes**

2 c. à s. d'**huile d'olive**
125 g de **pancetta**
non fumée, coupée en dés
1 **oignon** haché
375 g de **pommes de terre**
coupées en dés
1 **poireau** coupé en rondelles
2 gousses d'**ail** écrasées
1 c. à s. de **romarin** ciselé
2 feuilles de **laurier**
400 g de **haricots blancs**
en boîte, égouttés
900 ml de **bouillon**
de légumes (page 13)
1 kg de petites **coques**
ou de **moules**, nettoyées
sel et **poivre**

Huile au persil et à l'ail
150 ml d'**huile d'olive**
vierge extra
2 grosses gousses d'**ail**
émincées
¼ de c. à c. de **sel**
1 c. à s. de **persil** ciselé

Faites chauffer l'huile d'olive dans une grande casserole et faites dorer la pancetta 5 minutes. Retirez-la à l'aide d'une écumoire et réservez. Faites fondre doucement l'oignon, les pommes de terre, le poireau, l'ail, le romarin et le laurier dans la casserole. Ajoutez les haricots et le bouillon de légumes, portez à ébullition et laissez mijoter 20 minutes.

Pendant ce temps, préparez l'huile au persil et à l'ail. Faites chauffer l'huile d'olive dans une petite casserole avec l'ail et le sel. Laissez mijoter 3 minutes. Laissez refroidir, puis incorporez le persil. Réservez.

Mixez la moitié de la soupe, puis remettez-la dans la casserole. Salez et poivrez. Incorporez les coques ou les moules et remettez la pancetta dans la soupe. Laissez mijoter 5 minutes environ, le temps que les coquillages s'ouvrent (jetez ceux qui restent fermés). Versez la soupe dans des bols et agrémentez d'huile au persil et à l'ail. Servez avec du pain croustillant.

Pour une soupe aux coques, tomates et haricots, faites revenir 125 g de chorizo coupé en dés dans l'huile à la place de la pancetta, puis égouttez et réservez. Faites revenir les oignons, les pommes de terre, le poireau, l'ail et les herbes, puis ajoutez 4 grosses tomates coupées en dés (pelées si vous préférez), les haricots et le bouillon. Laissez mijoter 20 minutes. Mixez la moitié de la soupe, puis ajoutez les coquillages et le chorizo, faites cuire et servez comme ci-dessus avec l'huile au persil et à l'ail.

soupe soufflée au poulet à l'estragon

Pour **6 personnes**
Préparation **40 minutes**
Cuisson **1 h 45 environ**

6 **cuisses de poulet**
1 **carotte** coupée
  en rondelles
2 branches de **céleri**
  coupées en rondelles
200 g de **poireaux** émincés,
  blanc et vert séparés
900 ml de **bouillon**
  de poule (page 10)
200 ml de **vin blanc**
50 g de **beurre**
25 g de **farine**
le **zeste** râpé de ½ **orange**
2 c. à c. de **moutarde**
  de Dijon
1 c. à s. d'**estragon** ciselé
425 g de **pâte feuilletée**
  surgelée, déjà étalée
1 **œuf** battu pour dorer
sel et **poivre**

Dans une grande casserole, mettez les cuisses de poulet, la carotte, le céleri, le blanc de poireau, le bouillon de poule, le vin, salez et poivrez. Portez à ébullition, puis couvrez et laissez mijoter 1 heure.

Passez le bouillon au tamis au-dessus d'un verre doseur, égouttez le poulet et les légumes. Coupez le poulet en petits morceaux après avoir retiré la peau et les os. Si le bouillon dépasse les 900 ml, remettez-le dans la casserole et faites bouillir rapidement pour le réduire.

Faites fondre le beurre dans une petite casserole, puis faites revenir le vert du poireau 2 à 3 minutes. Versez la farine, puis incorporez progressivement le bouillon passé. Portez à ébullition en remuant jusqu'à ce qu'il ait légèrement épaissi. Incorporez le zeste d'orange, la moutarde et l'estragon. Goûtez et rectifiez l'assaisonnement. Répartissez le poulet découpé et la soupe dans 6 ramequins, remplis aux trois quarts.

Déroulez la pâte, découpez 6 disques légèrement plus grands que le haut des ramequins, puis 6 longues bandes de 1 cm de large. Passez un peu de jaune d'œuf sur le pourtour des ramequins avant d'y fixer les bandes de pâte. Enduisez ces dernières d'œuf puis appliquez le disque de pâte par-dessus. Faites de petites entailles sur les bords de la pâte, puis de légères entailles sur les couvercles de pâte. Enduisez d'œuf et enfournez 20 à 25 minutes dans un four préchauffé à 200 °C. Posez les ramequins sur des assiettes puis servez.

soupe de chevreuil au vin rouge

Pour **6 personnes**
Préparation **20 minutes**
Cuisson **1 h 30 environ**

6 **saucisses de chevreuil**
  ou, à défaut, 750 g
  de **viande de chevreuil**
1 c. à s. d'**huile d'olive**
1 **oignon** haché
  grossièrement
2 gousses d'**ail** hachées
  finement
200 g de **pommes de terre**
  coupées en dés
1 **carotte** coupée en dés
4 **tomates**, pelées éventuellement, coupées en gros
  morceaux
125 g de **lentilles vertes**
300 ml de **vin rouge**
1,5 litre de **bouillon**
  de bœuf ou **de faisan**
  (pages 12 et 11)
1 c. à s. de **concentré**
  de tomates
1 c. à c. de **quatre-épices**
  en poudre
brins de **thym**
2 feuilles de **laurier**
sel et **poivre**

Faites griller les saucisses jusqu'à ce qu'elles soient juste cuites. Pendant ce temps, faites chauffer l'huile d'olive dans une grande casserole et faites fondre l'oignon 5 minutes, le temps qu'il se colore. Ajoutez l'ail, les pommes de terre et la carotte et faites revenir rapidement, puis incorporez les tomates et les lentilles.

Versez le vin et le bouillon, puis ajoutez le concentré de tomates, le quatre-épices, le thym et le laurier. Salez et poivrez généreusement, puis coupez les saucisses en rondelles et ajoutez-les dans la casserole. Portez à ébullition, en remuant, puis couvrez et laissez mijoter 1 h 15. Goûtez et rectifiez l'assaisonnement si nécessaire.

Versez la soupe dans des bols et servez avec des croûtons (page 15) frottés à l'ail et parsemés de persil.

Pour une soupe au faisan, à la poitrine fumée et au boudin,
ajoutez 150 g de tranches épaisses de poitrine fumée, à la place des saucisses, lorsque vous faites revenir l'oignon. Ajoutez 125 g de boudin noir du pays coupé en cubes et la viande découpée de 1 faisan rôti, en même temps que les pommes de terre, la carotte, les tomates et les lentilles. Poursuivez comme ci-dessus avec du bouillon de faisan au lieu du bouillon de bœuf.

soupe de champignons au madère

Pour **6 personnes**
Préparation **30 minutes**
Cuisson **40 minutes**

50 g de **beurre**
1 c. à s. d'**huile d'olive**
1 **oignon** haché
400 g de **champignons de Paris** émincés
2 grands **champignons plats** émincés
2 gousses d'**ail** hachées finement
125 ml de **madère** ou de **xérès mi-sec**
900 ml de **bouillon de poule** ou de **légumes** (pages 10 et 13)
40 g de **riz long grain**
2 brins de **thym**
450 ml de **lait**
150 ml de **crème fraîche épaisse**
sel et **poivre**

Pour servir
25 g de **beurre**
250 g de **champignons asiatiques**
quelques brins de **thym**

Faites chauffer le beurre et l'huile d'olive dans une grande casserole et faites revenir l'oignon 5 minutes. Ajoutez les champignons et l'ail puis faites revenir à feu vif 2 à 3 minutes. Incorporez le madère, le bouillon, le riz et le thym. Salez, poivrez et portez à ébullition. Couvrez et laissez mijoter 30 minutes.

Laissez refroidir la soupe légèrement et retirez les brins de thym. Mixez en plusieurs fois puis remettez dans la casserole et incorporez le lait et la crème fraîche. Réchauffez sans laisser bouillir, goûtez et rectifiez l'assaisonnement.

Préparez la garniture en faisant chauffer le reste de beurre dans une poêle et faites dorer 2 minutes les champignons coupés en lamelles. Versez la soupe dans des assiettes et disposez délicatement les champignons au centre. Garnissez de quelques feuilles de thym et servez avec des scones aux noix.

Pour des scones aux noix à servir en accompagnement, mélangez 50 g de beurre à 250 g de farine à levure incorporée. Salez, poivrez et ajoutez 50 g de noix grossièrement hachées, 2 cuillerées à café de thym et 75 g de gruyère râpé. Incorporez ½ œuf battu et 8 à 10 cuillerées à soupe de lait pour obtenir une pâte souple. Pétrissez, puis étalez la pâte sur 2,5 cm d'épaisseur. Découpez des disques de 5 cm de diamètre et disposez-les sur une plaque de cuisson beurrée, enduisez avec le restant d'œuf battu puis enfournez, 10 à 12 minutes, dans un four préchauffé à 200 °C. Servez chaud.

soupe châtaignes-huile de truffe

Pour **6 personnes**
Préparation **30 minutes**
Cuisson **1 h 15**

500 g de **châtaignes**
fraîches
50 g de **beurre**
1 **oignon** émincé
10 tranches épaisses
de **poitrine fumée**,
dont 4 coupées en lardons
200 g de **pommes de terre**
coupées en dés
4 c. à s. de **cognac**
ou d'**armagnac**
+ un peu pour servir
900 ml de **bouillon**
de faisan ou de **bœuf**
(pages 11 et 12)
quelques brins de **thym** frais
1 bonne pincée de **cannelle**
en poudre
1 bonne pincée de **noix**
de muscade râpée
sel et **poivre**
un peu d'**huile de truffe**
pour servir (facultatif)

Faites une incision en haut de chaque châtaigne, puis faites-les pocher 15 minutes dans de l'eau bouillante. Égouttez-les et rincez-les à l'eau froide, puis épluchez-les et hachez-les grossièrement.

Faites chauffer le beurre dans une casserole et faites revenir l'oignon 5 minutes à feu doux. Ajoutez les 4 tranches de poitrine coupées en lardons, les pommes de terre et les châtaignes. Faites revenir 5 minutes, en remuant.

Ajoutez le cognac et flambez-le dès qu'il bouillonne. Une fois les flammes éteintes, versez le bouillon. Ajoutez le thym, les épices, salez et poivrez. Portez à ébullition, couvrez et laissez mijoter 45 minutes.

Jetez le thym et mixez la moitié de la soupe. Remettez dans la casserole et réchauffez. Goûtez et rectifiez l'assaisonnement. Enroulez les tranches de poitrine restantes autour de petites brochettes et faites-les griller. Servez la soupe dans des tasses avec une brochette posée sur chacune. Ajoutez un filet d'huile de truffe et un peu de cognac.

Pour une soupe aux noix et au céleri-rave, faites revenir l'oignon dans du beurre comme ci-dessus. Ajoutez 4 tranches épaisses de poitrine fumée coupées en lardons, 375 g de céleri-rave épluché et coupé en dés à la place des pommes de terre et 200 g de noix concassées. Supprimez le cognac, incorporez le bouillon, le thym et les épices, et laissez mijoter 45 minutes. Mixez et ajoutez un peu de bouillon si nécessaire. Réchauffez et servez avec des croûtons (page 15).

soupe au maïs et au céleri

Pour **6 personnes**
Préparation **25 minutes**
Cuisson **30 minutes**

50 g de **beurre**
1 **oignon** haché
4 **épis de maïs**,
sans les feuilles, égrenés
3 branches de **céleri**
coupées en lamelles
2 gousses d'**ail** hachées
finement
1 litre de **bouillon**
de poule ou **de légumes**
(pages 10 et 13)
2 feuilles de **laurier**
sel et **poivre de Cayenne**

Faites chauffer le beurre dans une casserole et faites revenir l'oignon 5 minutes à feu doux jusqu'à ce qu'il commence à dorer. Ajoutez les grains de maïs, le céleri et l'ail puis faites revenir 5 minutes.

Versez le bouillon, ajoutez les feuilles de laurier, salez et poivrez. Portez à ébullition, puis couvrez et laissez mijoter 20 minutes.

Jetez le laurier puis laissez refroidir la soupe légèrement. Mixez en plusieurs fois. Remettez dans la casserole et réchauffez. Goûtez et rectifiez l'assaisonnement si nécessaire. Versez dans des bols et ajoutez du chutney de piment et de tomate (voir ci-dessous).

Pour réaliser un chutney de piment et de tomate

à servir en accompagnement, faites chauffer 1 cuillerée à soupe d'huile de tournesol dans une petite casserole, ajoutez ½ oignon rouge finement haché, 1 poivron rouge épépiné et coupé en dés et 1 ou 2 gros piments rouges doux, évidés, épépinés et hachés finement. Faites fondre 5 minutes à feu doux, puis incorporez 4 tomates coupées en morceaux (pelées si vous le souhaitez), 4 cuillerées à soupe de sucre semoule et 2 cuillerées à soupe de vinaigre de vin rouge. Salez et poivrez légèrement. Faites épaissir à feu doux 15 minutes, en remuant de temps en temps.

soupe Saint-Jacques-lentilles

Pour **4 personnes**
Préparation **15 minutes**
Cuisson **40 minutes**
environ

50 g de **lentilles du Puy**
1 c. à s. d'**huile d'olive**
1 petit **poireau** coupé
en dés
75 g de **pancetta** coupée
en petits morceaux
1 gousse d'**ail** hachée
finement
4 c. à s. de **Pernod**
600 ml de **bouillon
de poisson** (page 13)
le **zeste** râpé de ½ **citron**
150 ml de **crème fraîche
épaisse**
1 petit bouquet de **persil**
25 g de **beurre**
200 g de petites **noix
de Saint-Jacques**
surgelées
sel et **poivre**

Portez à ébullition une casserole d'eau et faites cuire les lentilles 20 minutes. Égouttez-les dans une passoire, rincez-les puis égouttez-les de nouveau et réservez. Lavez et essuyez la casserole.

Faites chauffer l'huile d'olive dans la casserole nettoyée, puis ajoutez le poireau, la pancetta et l'ail et faites revenir 5 minutes. Ajoutez le Pernod et, lorsqu'il bout, flambez-le avec une longue allumette. Dès que les flammes s'éteignent, versez le bouillon. Ajoutez le zeste de citron, salez et poivrez légèrement, puis portez à ébullition et laissez cuire, à découvert, 10 minutes.

Incorporez les lentilles, la crème fraîche et le persil. Goûtez et rectifiez l'assaisonnement si nécessaire. Faites chauffer le beurre dans une poêle. Rincez les noix de Saint-Jacques à l'eau froide, égouttez-les soigneusement, puis ajoutez-les dans la poêle et faites revenir 3 à 4 minutes, en tournant, jusqu'à ce qu'elles soient dorées et cuites.

Servez la soupe dans des assiettes avec les noix de Saint-Jacques au centre.

Pour une soupe crémeuse à la pancetta
et aux moules, préparez la soupe comme ci-dessus. Faites cuire le bouillon 10 minutes, puis ajoutez 500 g de moules grattées et nettoyées. Couvrez et laissez mijoter 8 à 10 minutes jusqu'à ce que les coquillages s'ouvrent. Jetez les moules fermées, puis servez les autres dans des bols. Mélangez la crème fraîche et le persil avec la soupe, puis versez sur les moules.

soupe épicée au pak choi

Pour **4 personnes**
Préparation **15 minutes**
Cuisson **20 minutes**

1,2 litre de **bouillon
de canard** (page 11)
le **zeste** râpé et le **jus**
de 1 **orange**
4 c. à s. de **xérès mi-sec**
¼ de c. à c. de **cinq-épices**
en poudre
5 cm de **gingembre** frais,
émincé
1 c. à s. de **sauce soja**
2 c. à s. de **sauce aux
prunes chinoise**
125 à 175 g de viande
de **canard** cuite, détachée
de la carcasse avant
préparation du bouillon
½ botte d'**oignons verts**,
émincés
2 **pak choi** coupés
en grosses tranches
sel et **poivre** (facultatif)

Versez le bouillon de canard dans une casserole, puis ajoutez le zeste et le jus d'orange, le xérès, le cinq-épices et le gingembre. Incorporez la sauce soja et la sauce aux prunes, puis portez à ébullition en remuant. Couvrez et laissez mijoter 15 minutes à feu doux.

Ajoutez le canard, les oignons verts et le pak choi, puis laissez mijoter 5 minutes. Goûtez et rectifiez l'assaisonnement. Servez dans des bols.

**Pour un bouillon de canard aux herbes
et aux nouilles,** faites tremper 50 g de nouilles chinoises aux œufs 5 minutes dans de l'eau bouillante. Faites chauffer 1,2 litre de bouillon de canard comme ci-dessus et remplacez le zeste et le jus d'orange par le zeste et le jus de ½ citron. Supprimez le xérès et le cinq-épices, mais ajoutez le gingembre et la sauce soja, couvrez et laissez mijoter comme ci-dessus. Ajoutez 3 cuillerées à soupe de persil ciselé et 3 cuillerées à soupe de menthe fraîche ciselée, puis ajoutez les restes de canard. Salez, poivrez et laissez cuire encore 5 minutes. Répartissez les nouilles dans les bols et versez le bouillon par-dessus.

sabayon de saumon à l'estragon

Pour **6 personnes**
Préparation **10 minutes**
Cuisson **15 minutes**

400 g de **saumon** coupé
  en deux
4 c. à s. de **Noilly Prat**
4 **oignons verts** émincés,
  blanc et vert séparés
le **zeste** de 1 **citron**
600 ml de **bouillon**
  de poisson (page 13)
4 **jaunes d'œufs**
1 c. à s. d'**estragon**
  finement ciselé
1 c. à c. de **moutarde**
  de Dijon
25 g de **beurre** à température
  ambiante
150 ml de **crème fraîche**
  épaisse
sel et **poivre**
brins d'**estragon**
  pour décorer (facultatif)

Mettez le saumon dans une casserole avec le Noilly Prat, le blanc des oignons verts, le zeste de citron et le bouillon de poisson. Salez, poivrez et portez à ébullition. Couvrez et laissez mijoter 10 minutes jusqu'à ce que le poisson soit cuit et s'émiette facilement avec la pointe d'un couteau.

Retirez le poisson du bouillon et émiettez-le, en retirant les arêtes. Réservez sous un papier d'aluminium.

Battez les jaunes d'œufs avec l'estragon, la moutarde et le beurre dans un saladier. Passez le bouillon, puis incorporez le mélange à base d'œufs en battant soigneusement. Versez dans la casserole, ajoutez la crème fraîche et le vert des oignons, puis battez à feu doux 4 à 5 minutes jusqu'à ce que le mélange soit mousseux et ait légèrement épaissi. Attention à ne pas chauffer trop fort car les œufs pourraient tourner. Goûtez et rectifiez l'assaisonnement si nécessaire.

Répartissez le saumon dans 6 assiettes à soupe, versez le velouté chaud et mousseux et décorez d'estragon. Servez avec un toast melba.

Pour des toasts melba à servir en accompagnement, faites griller légèrement 4 tranches de pain des deux côtés. Ôtez la croûte puis tranchez-les dans l'épaisseur pour obtenir 8 tranches très fines. Coupez-les en triangles et disposez-les sur une plaque de cuisson côté non grillé vers le haut et faites griller jusqu'à ce que les angles commencent à se soulever.

bouillon de légumes aux wontons

Pour **6 personnes**
Préparation **40 minutes**
+ marinade
Cuisson **5 minutes**

Wontons
125 g de **porc haché**
½ c. à c. de **farine de maïs**
1 c. à c. d'**huile de sésame**
2 c. à s. de **sauce soja**
1 petite gousse d'**ail** émincée
45 g de chair plus sombre
de l'intérieur du **crabe**
1 **œuf**, blanc et jaune
séparés
feuilles de wonton
de 18 x 9 cm

Bouillon
1,2 litre de **bouillon
de poule** (page 10)
1 botte d'**asperges**, parées
et coupées en gros
tronçons
75 g de **pois mange-tout**
coupés en morceaux
4 **oignons verts** émincés
4 c. à c. de **sauce
de poisson**
4 c. à s. de **xérès sec**
1 petit bouquet
de **coriandre**, dont deux
tiers hachés grossièrement,
le reste en brins
pour décorer

Mélangez tous les ingrédients des wontons, sauf
le blanc d'œuf et les feuilles de wonton, et faites
mariner 30 minutes au réfrigérateur. Séparez les feuilles
de wonton et garnissez chacune de 1 cuillerée à café
de préparation au porc. Enduisez les bords de blanc
d'œuf, puis relevez-les et croisez-les par-dessus
la farce, puis torsadez pour fermer en petits paquets.

Versez tous les ingrédients du bouillon dans une grande
casserole, portez à ébullition puis ajoutez les wontons
et laissez cuire 5 minutes : la farce doit être bien cuite
à l'intérieur. Versez dans des bols et décorez de brins
de coriandre.

Pour un bouillon de légumes au thon pimenté,
préparez le bouillon comme ci-dessus mais sans
les wontons. Enduisez 200 g de thon avec un mélange
de 1 cuillerée à café d'huile de sésame, 1 cuillerée à
café d'huile de tournesol, 1 piment épépiné et haché
finement et 1 gousse d'ail hachée finement. Faites
revenir le thon 1 minute 30 de chaque côté, dans
une poêle préalablement chauffée, jusqu'à ce qu'il
soit doré à l'extérieur et rose à l'intérieur. Découpez-
le en fines tranches et répartissez-le dans des bols
à soupe. Versez le bouillon autour du thon et servez
sans attendre car la soupe continue à cuire le poisson.

soupe chorizo-fenouil-pomme de terre

Pour **8 à 10 personnes**
Préparation **15 minutes**
Cuisson **30 minutes**

3 c. à s. d'**huile d'olive**
1 **oignon** haché
400 g de **fenouil** haché
150 g de **chorizo** coupé
en rondelles
500 g de **pommes de terre
à purée**, coupées en dés
1 litre de **bouillon de poule**
ou **de jambon** (page 10)
3 c. à s. de **coriandre**
finement ciselée
3 c. à s. de **crème fraîche**
sel et **poivre**

Faites chauffer l'huile d'olive dans une grande casserole et faites revenir l'oignon et le fenouil 10 minutes à feu doux, jusqu'à ce qu'ils aient beaucoup fondu et commencent à se colorer.

Ajoutez le chorizo, les pommes de terre et le bouillon, puis portez à ébullition. Réduisez le feu, couvrez et laissez mijoter 20 minutes jusqu'à ce que les pommes de terre soient bien tendres.

Mixez la soupe. Incorporez la coriandre et la crème fraîche puis faites chauffer doucement 2 minutes. Salez et poivrez selon votre goût. Servez dans des petites tasses chaudes.

Pour une soupe au chorizo, au céleri et aux pommes de terre, faites revenir l'oignon dans l'huile d'olive comme ci-dessus, en ajoutant 400 g de céleri haché à la place du fenouil. Poursuivez la recette comme ci-dessus, mais servez la soupe sans la mixer et incorporez la coriandre et la crème fraîche juste avant de servir.

soupes
détox

soupe au pesto et au citron

Pour **6 personnes**
Préparation **10 minutes**
Cuisson **25 minutes**

1 c. à s. d'**huile d'olive**
1 **oignon** haché finement
2 gousses d'**ail** hachées
finement
2 **tomates** pelées, hachées
1,2 litre de **bouillon
de légumes** (page 13)
3 c. à c. de **pesto**
+ un supplément pour servir
le **zeste** râpé et le **jus**
de 1 **citron**
100 g de **brocoli** détaillé
en fleurettes, les tiges
coupées en rondelles
150 g de **courgettes**
coupées en dés
100 g de **haricots de soja
verts** surgelés
65 g de **petites pâtes**
(alphabet ou autres)
50 g d'**épinards** hachés
sel et **poivre**
feuilles de **basilic** frais
pour décorer (facultatif)

Faites chauffer l'huile d'olive dans une casserole
et faites fondre l'oignon 5 minutes à feu doux, en remuant
de temps en temps. Ajoutez l'ail, les tomates, le bouillon
de légumes, le pesto et le zeste de citron. Salez
et poivrez légèrement. Laissez mijoter 10 minutes
à feu doux.

Ajoutez le brocoli, les courgettes, les haricots de soja
et les petites pâtes, puis laissez cuire 6 minutes. Ajoutez
les épinards et le jus de citron et laissez cuire encore
2 minutes, le temps que les épinards ramollissent
et que les pâtes soient cuites.

Versez dans des bols, ajoutez du pesto à votre goût
et décorez de feuilles de basilic ciselées. Accompagnez
de pain chaud, par exemple focaccia ou ciabatta aux
olives ou aux tomates séchées, ou bien des bâtonnets
de parmesan.

Pour réaliser des bâtonnets de parmesan à servir
en accompagnement, posez du papier sulfurisé sur la
plaque de cuisson, puis disposez 100 g de parmesan
râpé en 18 petits bâtonnets bien séparés. Faites cuire
5 minutes environ, dans un four préchauffé à 190 °C,
jusqu'à ce que le fromage ait fondu et commence
à dorer. Laissez refroidir et durcir, puis retirez le papier
et servez-les avec la soupe.

gumbo aux fruits de mer

Pour **6 personnes**
Préparation **20 minutes**
Cuisson **30 minutes**

1 c. à s. d'**huile
de tournesol**
1 **oignon** haché finement
1 petite **carotte** coupée
en dés
1 branche de **céleri** coupée
en dés
½ **poivron rouge** évidé,
épépiné et coupé en dés
425 g de **tomates** pelées
si vous le souhaitez,
hachées grossièrement
1 grand brin de **thym**
¼ de c. à c. de **piment
rouge en poudre**
2 c. à c. de **concentré
de tomates**
1 litre de **bouillon
de légumes**
ou **de poisson** (page 13)
40 g de **riz long grain**
400 g de **cocktail de fruits
de mer** surgelés, rincés
à l'eau froide et égouttés
43 g de **crabe** en boîte
75 g de **gombos** équeutés,
coupés en rondelles
sel et **poivre**
quelques brins de **thym**
pour décorer (facultatif)

Faites chauffer l'huile dans une casserole, puis faites fondre l'oignon 5 minutes jusqu'à ce qu'il commence à dorer. Ajoutez la carotte, le céleri et le poivron rouge puis faites revenir quelques minutes de plus. Incorporez les tomates, le thym, le piment et le concentré de tomates, puis versez le bouillon. Ajoutez le riz, salez, poivrez et portez à ébullition.

Couvrez et laissez mijoter 20 minutes, en remuant de temps en temps. Incorporez les fruits de mer, en coupant les plus grosses moules en deux, le crabe et les gombos. Couvrez et laissez mijoter 5 minutes, puis goûtez et rectifiez l'assaisonnement si nécessaire. Versez dans des bols avec quelques brins de thym et accompagnez de pain croustillant.

Pour un gumbo au poulet et au jambon, faites revenir la chair de 6 cuisses de poulet, désossées et sans la peau, coupées en morceaux, avec l'oignon. Poursuivez la préparation de la soupe comme ci-dessus, en remplaçant les fruits de mer, le crabe et les gombos par 50 g de jambon et 75 g de haricots verts coupés en petits tronçons. Terminez et servez comme ci-dessus.

soupe de légumes d'été

Pour **4 personnes**
Préparation **15 minutes**
Cuisson **25 minutes**
  environ

1 c. à c. d'**huile d'olive**
1 **poireau** coupé
  en fines rondelles
1 grosse **pomme de terre**
  épluchée, coupée
  en tranches
450 g de **légumes variés
  d'été** (petits pois,
  asperges, fèves
  et courgettes par exemple)
2 c. à s. de **menthe** ciselée
900 ml de **bouillon
  de légumes** (page 13)
2 c. à s. de **crème fraîche
  allégée**
sel et **poivre**

Faites chauffer l'huile d'olive dans une casserole moyenne et faites fondre le poireau 3 à 4 minutes.

Ajoutez la pomme de terre et le bouillon de légumes puis faites cuire 10 minutes. Ajoutez tous les autres légumes et la menthe, puis portez à ébullition. Réduisez le feu et laissez mijoter 10 minutes.

Mixez la soupe, puis remettez-la dans la casserole. Incorporez la crème fraîche. Salez et poivrez selon votre goût. Réchauffez à feu doux puis servez.

Pour une soupe de légumes d'été à la gremolata aux herbes, préparez la soupe comme ci-dessus mais sans la mixer. Versez la soupe dans des bols et servez avec 2 cuillerées à soupe de crème fraîche et de gremolata composée de 2 cuillerées à soupe de basilic ciselé, 2 cuillerées à soupe de persil ciselé, le zeste râpé de 1 citron et 1 gousse d'ail finement hachée.

soupe de légumes au curry

Pour **6 personnes**
Préparation **25 minutes**
Cuisson **40 minutes**

2 c. à s. d'**huile
de tournesol**
1 **oignon** émincé
2 gousses d'**ail** hachées
finement
4 c. à c. de **pâte de curry
doux**
2,5 cm de **gingembre** frais,
épluché et râpé
2 petites **pommes de terre**
coupées en dés
2 **carottes** coupées en dés
1 petit **chou-fleur** détaillé
en fleurettes
75 g de **lentilles corail**
1,5 litre de **bouillon
de légumes** ou **de poule**
(pages 13 et 10)
400 g de **tomates
concassées** en boîte
200 g de feuilles d'**épinard**
rincées, ciselées si elles
sont grandes

Raïta
150 g de **yaourt nature**
allégé
4 c. à s. de feuilles
de **coriandre** ciselées
4 c. à c. de **chutney
de mangue**

Faites chauffer l'huile dans une grande casserole et
faites fondre l'oignon. Incorporez l'ail, la pâte de curry
et le gingembre puis faites revenir 1 minute.

Incorporez les pommes de terre, les carottes, le chou-
fleur et les lentilles. Versez le bouillon et les tomates,
salez et poivrez, puis portez à ébullition. Couvrez et
laissez mijoter 30 minutes jusqu'à ce que les lentilles
soient cuites.

Pendant ce temps, mélangez le yaourt, la coriandre
et le chutney de mangue pour préparer le raïta, puis
versez-le dans un petit bol.

Ajoutez les épinards dans la soupe et laissez cuire
2 minutes. Goûtez et rectifiez l'assaisonnement.
Versez la soupe dans des assiettes avec des cuillerées
de raïta. Servez, accompagné de pains naan chauds.

Pour une soupe d'aubergine au curry, faites revenir
l'oignon avec 2 aubergines coupées en dés jusqu'à
ce qu'elles soient légèrement dorées. Incorporez l'ail,
la pâte de curry et le gingembre et faites cuire comme
ci-dessus. Ajoutez les pommes de terre, les carottes,
les lentilles, le bouillon et les tomates ; ne mettez pas
le chou-fleur. Laissez mijoter 30 minutes, puis mixez
la soupe et réchauffez-la. Supprimez les épinards.
Servez avec un peu de yaourt nature, de la coriandre
ciselée et des pappadums (galettes de lentilles
indiennes).

soupe poivron rouge-courgette

Pour **4 personnes**
Préparation **15 minutes**
Cuisson **40 minutes**
   environ

2 c. à s. d'**huile d'olive**
2 **oignons** hachés finement
1 gousse d'**ail** écrasée
3 **poivrons rouges** évidés,
   épépinés et coupés
   en morceaux
2 **courgettes** coupées
   en morceaux
900 ml de **bouillon**
   de légumes (page 13)
   ou d'**eau**
sel et **poivre**

Pour servir
yaourt nature allégé
   ou **crème fraîche**
brins de **ciboulette** entiers

Faites chauffer l'huile d'olive dans une grande casserole et faites fondre les oignons 5 minutes à feu doux jusqu'à ce qu'ils soient bien dorés. Ajoutez l'ail et faites revenir 1 minute de plus. Ajoutez les poivrons et la moitié des courgettes puis faites revenir 5 à 8 minutes, le temps que les ingrédients soient fondants et bien dorés.

Ajoutez le bouillon, salez et poivrez, puis portez à ébullition. Réduisez le feu, couvrez et laissez mijoter 20 minutes.

Quand les légumes sont tendres, laissez légèrement refroidir la soupe, puis mixez-la, en plusieurs fois. Faites revenir le reste de courgettes dans une poêle 5 minutes à feu doux. Pendant ce temps, remettez la soupe dans la casserole, réchauffez-la et rectifiez l'assaisonnement si nécessaire. Servez avec les courgettes, le yaourt ou la crème fraîche et la ciboulette.

Pour une soupe aux poivrons rouges et aux carottes, préparez la soupe comme ci-dessus. Remplacez les courgettes par 2 carottes coupées en dés que vous ajouterez aux oignons et à l'ail avec les poivrons rouges. Poursuivez la recette comme ci-dessus. Mixez, réchauffez et servez avec 8 cuillerées à café d'ail, de fromage frais aux herbes et de ciboulette.

soupe de légumes-racines

Pour **6 personnes**
Préparation **25 minutes**
Cuisson **50 minutes**
  environ

1 c. à s. d'**huile d'olive**
1 **oignon** haché
  grossièrement
2 gousses d'**ail** hachées
  grossièrement
2 c. à c. de **graines
  de fenouil** écrasées
½ c. à c. de **paprika fumé**
½ c. à c. de **curcuma**
250 g de **carottes**
  coupées en dés
250 g de **panais**
  coupés en dés
250 g de **rutabaga**
  coupé en dés
1 litre de **bouillon
  de légumes** ou **de poule**
  (pages 13 et 10)
300 ml de **lait écrémé**
sel et **poivre**

Faites chauffer l'huile d'olive dans une grande
casserole et faites revenir l'oignon jusqu'à ce qu'il
commence à fondre. Incorporez l'ail, les graines
de fenouil et les épices puis laissez encore 1 minute
pour faire ressortir les arômes.

Ajoutez les légumes-racines et le bouillon, salez
et poivrez, puis portez à ébullition. Couvrez et laissez
mijoter 45 minutes, en remuant de temps en temps,
jusqu'à ce que les légumes soient bien tendres. Laissez
refroidir légèrement, puis mixez, en plusieurs fois.

Versez la soupe dans la casserole et incorporez le lait.
Réchauffez et rectifiez l'assaisonnement si nécessaire.
Servez dans des bols avec des croûtons (page 15).

Pour préparer des croûtons épicés allégés à servir
en accompagnement, coupez en dés 3 tranches de
pain complet, disposez-les sur une plaque de cuisson,
vaporisez 3 ou 4 fois avec un spray d'huile d'olive, puis
saupoudrez de 1 cuillerée à café de graines de fenouil
écrasées, de ¼ de cuillerée à café de paprika et de
¼ de cuillerée à café de curcuma. Mettez 15 minutes
au four préchauffé à 190 °C jusqu'à ce que le pain soit
croustillant.

soupe à la tomate et à l'orange

Pour **6 personnes**
Préparation **15 minutes**
Cuisson **40 minutes**
   environ

2 c. à s. d'**huile d'olive**
1 **oignon** grossièrement
   haché
2 gousses d'**ail** écrasées
2 kg de **tomates** mûres,
   pelées et concassées
2 c. à s. de **concentré**
   de tomates
450 ml de **bouillon**
   de légumes ou **de poule**
   (pages 13 et 10)
le **zeste** râpé de 1 grosse
   orange
75 ml de **jus d'orange**
4 brins de **basilic**
1 ou 2 c. à c. de **sucre brun**
sel et **poivre**

Garniture
2 à 3 c. à s. de **basilic**
   finement ciselé
150 ml de **yaourt grec**
   allégé
6 petits brins de **basilic**
lanières de **zeste d'orange**

Faites chauffer l'huile d'olive dans une grande casserole et faites fondre l'oignon et l'ail. Ajoutez les tomates, le concentré de tomates, le bouillon, le zeste et le jus d'orange puis le basilic. Portez à ébullition, réduisez le feu, couvrez et laissez mijoter 20 à 25 minutes à feu doux, le temps que les légumes soient tendres.

Laissez la soupe refroidir légèrement puis mixez-la, en plusieurs fois. Rincez la casserole pour la débarrasser des graines, puis versez-y la soupe à travers un tamis. Ajoutez du sel, du poivre et un peu de sucre. Remettez la casserole sur le feu et portez à ébullition. Ajoutez un peu de bouillon ou de jus de tomate si nécessaire afin d'obtenir la consistance souhaitée.

Mélangez le basilic ciselé avec le yaourt grec. Versez la soupe chaude dans des assiettes préchauffées, avec une cuillerée de yaourt au basilic et décorez de petits brins de basilic et de zeste d'orange.

Pour une soupe de tomate au chorizo frit,
préparez-la comme ci-dessus, remplacez le zeste et le jus d'orange par 75 g de vin rouge. Mixez et servez avec 40 g de chorizo coupé en rondelles, passé à la poêle sans matière grasse puis coupé en dés.

soupe de chou-fleur au cumin

Pour **4 personnes**
Préparation **15 minutes**
Cuisson **20 minutes**
   environ

2 c. à c. d'**huile**
   de tournesol
1 **oignon** haché
1 gousse d'**ail** écrasée
2 c. à c. de **graines**
   de cumin
1 **chou-fleur** détaillé
   en fleurettes
1 grosse **pomme de terre**
   épluchée et coupée
   en morceaux
450 ml de **bouillon**
   de légumes (page 13)
450 ml de **lait demi-écrémé**
2 c. à s. de **crème fraîche**
   allégée
2 c. à s. de **coriandre**
   ciselée
sel et **poivre**

Faites chauffer l'huile de tournesol dans une casserole moyenne et faites revenir l'oignon, l'ail et les graines de cumin 3 à 4 minutes. Ajoutez le chou-fleur, les pommes de terre, le bouillon et le lait, puis portez à ébullition. Réduisez le feu et laissez mijoter 15 minutes.

Mixez la soupe avec un robot de cuisine. Incorporez la crème fraîche et la coriandre. Salez et poivrez selon votre goût. Faites chauffer puis servez avec du pain complet.

Pour une soupe de chou-fleur au curry, faites revenir l'oignon et l'ail comme ci-dessus, sans le cumin. Incorporez 2 cuillerées à soupe de pâte de curry doux, faites revenir 1 minute puis ajoutez le chou-fleur, les pommes de terre, le bouillon de légumes et le lait. Poursuivez la recette comme ci-dessus. Servez avec des petits pappadums.

soupe au fenouil et au citron

Pour **4 personnes**
Préparation **20 minutes**
Cuisson **25 minutes**
environ

50 ml d'**huile d'olive**
3 gros **oignons verts**
hachés
250 g de **fenouil** paré
et émincé
1 **pomme de terre** épluchée
et coupée en dés
le **zeste** finement râpé
et le **jus** de 1 **citron**
900 ml de **bouillon**
de poule ou de **légumes**
(pages 10 et 13)
sel et **poivre**

Gremolata
aux olives noires
1 petite gousse d'**ail** hachée
finement
le **zeste** finement râpé
de 1 **citron**
4 c. à s. de **persil** ciselé
16 **olives noires grecques**,
dénoyautées et hachées

Faites chauffer l'huile d'olive dans une grande casserole et faites revenir les oignons verts 5 minutes. Ajoutez le fenouil, la pomme de terre et le zeste de citron et laissez encore 5 minutes jusqu'à ce que le fenouil commence à fondre. Ajoutez ensuite le bouillon et portez à ébullition. Réduisez le feu, couvrez et laissez mijoter environ 15 minutes.

Pendant ce temps, préparez la gremolata. Mélangez l'ail, le zeste de citron et le persil, puis incorporez les olives. Couvrez et placez au réfrigérateur.

Mixez la soupe, puis passez-la au tamis pour retirer les fils du fenouil. La soupe ne doit pas être trop épaisse, aussi ajoutez davantage de bouillon si nécessaire. Remettez la soupe dans la casserole rincée. Goûtez, salez et poivrez, ajoutez du jus de citron, puis réchauffez doucement. Versez la soupe dans des bols chauds et saupoudrez de gremolata que les convives mélangeront avant de consommer. Accompagnez de tranches de pain grillé ou de croûtons (page 15).

Pour une soupe au fenouil et à la truite, supprimez la gremolata et, à la place, faites cuire 2 filets de truites sans arêtes 10 minutes, à la vapeur, au-dessus de la soupe qui mijote, jusqu'à ce que le poisson se détache facilement avec la pointe d'un couteau. Ensuite, ôtez la peau du poisson et émiettez-le en retirant les arêtes. Répartissez au fond de 4 assiettes à soupe, puis versez la soupe par-dessus.

soupe aux légumes-racines grillés

Pour **6 personnes**
Préparation **10 minutes**
Cuisson **1 h 05**

4 **carottes** coupées
   en morceaux
2 **panais** coupés
   en morceaux
huile d'olive en spray
1 **poireau** coupé en fines
   rondelles
1,2 litre de **bouillon**
   de légumes (page 13)
2 c. à c. de **thym**
sel et **poivre**
brins de **thym** pour décorer

Disposez les carottes et les panais sur une plaque de cuisson, vaporisez légèrement d'huile d'olive. Salez et poivrez. Faites rôtir 1 heure dans un four préchauffé à 200 °C jusqu'à ce que les légumes soient très tendres.

Vingt minutes avant la fin de la cuisson des légumes, mettez le poireau dans une grande casserole avec le bouillon de légumes et 1 cuillerée à café de thym. Couvrez et faites cuire 20 minutes à feu doux.

Mixez les légumes-racines avec un robot de cuisine avec un peu de bouillon si nécessaire. Ajoutez-les dans la casserole de bouillon avec le poireau et assaisonnez selon votre goût. Ajoutez le reste de thym, mélangez et réchauffez 5 minutes à feu doux.

Versez dans des bols individuels et servez, décoré de brins de thym.

Pour une soupe de courge butternut rôtie, épépinez et épluchez 1 courge butternut de 750 g coupée en deux, puis découpez-la en fines tranches et disposez-la sur une plaque de cuisson. Vaporisez d'un peu d'huile d'olive, salez et poivrez. Faites rôtir 4 minutes au four à 200 °C, puis poursuivez la recette comme ci-dessus.

soupe poivron rouge-gingembre

Pour **4 personnes**
Préparation **20 minutes**
  + refroidissement
Cuisson **45 minutes**

3 **poivrons rouges** coupés
  en deux, évidés
  et épépinés
1 **oignon rouge** coupé
  en quatre
2 gousses d'**ail**
  non épluchées
1 c. à c. d'**huile d'olive**
5 cm de **gingembre** frais
  râpé
1 c. à c. de **cumin**
  en poudre
1 c. à c. de **coriandre**
  en poudre
1 grosse **pomme de terre**
  coupée en morceaux
900 ml de **bouillon**
  de légumes (page 13)
4 c. à s. de **fromage frais**
sel et **poivre**

Disposez les poivrons, l'oignon et l'ail sur une plaque de cuisson antiadhésive. Faites rôtir 40 minutes dans un four préchauffé à 200 °C. Si l'oignon se colore de trop, recouvrez-le des poivrons et poursuivez la cuisson.

Faites chauffer l'huile d'olive dans une casserole et faites revenir le gingembre et la coriandre 5 minutes à feu doux. Ajoutez la pomme de terre, mélangez, salez et poivrez. Versez le bouillon, couvrez et laissez mijoter à feu doux 30 minutes.

Retirez les légumes du four. Enfermez les poivrons dans un sac en plastique et laissez refroidir. Ajoutez l'oignon dans la casserole et pressez les gousses d'ail pour en faire sortir la pulpe. Épluchez les poivrons et ajoutez-les, sauf un, dans la soupe. Remettez 5 minutes sur feu doux.

Mixez la soupe avec un robot de cuisine. Remettez dans la casserole et ajoutez de l'eau, si besoin, pour obtenir la consistance souhaitée.

Versez dans des bols individuels. Découpez le poivron restant en bandes et disposez-les sur la soupe avec une cuillerée de fromage frais.

Pour une soupe de poivrons rouges au pesto,
faites rôtir les poivrons, l'oignon et l'ail comme ci-dessus. Faites chauffer l'huile d'olive dans une casserole, supprimez le gingembre et la coriandre et faites revenir doucement 2 cuillerées à café de pesto et la pomme de terre coupée en dés pendant 2 à 3 minutes puis poursuivez comme ci-dessus.

soupe de courgettes à l'aneth

Pour **8 personnes**
Préparation **20 minutes**
Cuisson **20 à 25 minutes**

2 c. à c. d'**huile
de tournesol** ou **d'olive**
1 gros **oignon** haché
2 gousses d'**ail** écrasées
1 kg de **courgettes**
coupées en rondelles
1,2 à 1,5 litre de **bouillon
de légumes** ou **de poule**
(pages 13 et 10)
2 à 4 c. à s. d'**aneth** ciselé
sel et **poivre**

Pour servir
125 ml de **crème fraîche**
quelques brins d'**aneth**

Faites chauffer l'huile dans une casserole et faites fondre l'oignon et l'ail, sans les faire brunir. Ajoutez les courgettes, couvrez avec du papier sulfurisé et faites cuire 10 minutes à feu doux jusqu'à ce qu'elles soient tendres. Ajoutez 1,2 litre de bouillon, couvrez et laissez mijoter encore 10 à 15 minutes.

Transvasez les courgettes et un peu de bouillon dans un blender et réduisez en purée. Versez ensuite dans une casserole propre. Ajoutez le bouillon des courgettes, ainsi que le reste du bouillon, puis l'aneth ciselé. Salez et poivrez selon votre goût, puis portez à ébullition.

Servez la soupe dans des bols chauds garnis d'une cuillerée de crème fraîche et de brins d'aneth.

Pour une soupe de courges à l'aneth, faites chauffer 2 cuillerées à soupe d'huile de tournesol dans une casserole et faites revenir 1 oignon haché et 2 gousses d'ail écrasées 5 minutes. Ajoutez 500 g de courgettes ou de courge coupées en dés et 500 g de potiron ou de courge butternut épluché et coupé en dés (poids après préparation). Faites cuire doucement, puis ajoutez le bouillon et poursuivez comme ci-dessus. Servez avec des croûtons aillés (page 15).

soupe haricots-tomates séchées

Pour **4 personnes**
Préparation **5 minutes**
Cuisson **20 minutes**

3 c. à s. d'**huile d'olive
vierge extra**
1 **oignon** haché finement
2 branches de **céleri**
émincées
2 gousses d'**ail** tranchées
finement
850 g de gros **haricots
blancs** en boîte,
égouttés et rincés
4 c. à s. de **purée
de tomates séchées**
900 ml de **bouillon
de légumes** (page 13)
1 c. à s. de **romarin**
ou de **thym** ciselé
sel et **poivre**
copeaux de **parmesan**
pour servir

Faites chauffer l'huile d'olive dans une casserole
et faites fondre l'oignon 3 minutes. Ajoutez le céleri
et l'ail puis faites revenir 2 minutes.

Ajoutez les haricots blancs, la purée de tomates
séchées, le bouillon de légumes, le romarin ou le thym
et un peu de sel et de poivre. Portez à ébullition, puis
réduisez le feu, couvrez et laissez mijoter 15 minutes
à feu doux. Servez, parsemé de copeaux de parmesan.

**Pour une soupe aux pois chiches, tomates
et romarin,** incorporez 850 g de pois chiches en boîte,
égouttés dans le mélange d'oignon, de céleri et d'ail.
Ajoutez 3 cuillerées à soupe de concentré de tomates,
2 cuillerées à café de harissa, 900 ml de bouillon de
légumes et 1 cuillerée à soupe de romarin frais ciselé.
Couvrez, laissez mijoter puis servez comme ci-dessus.

soupe épicée aux lentilles

Pour **8 personnes**
Préparation **10 à 15 minutes**
Cuisson **40 à 50 minutes**

500 g de **lentilles corail**
2 c. à s. d'**huile végétale**
2 **oignons** hachés
2 gousses d'**ail** hachées
2 branches de **céleri**
  hachées
400 g de **tomates en boîte**,
  égouttées
1 **piment** épépiné et haché
  (facultatif)
1 c. à c. de **paprika**
1 c. à c. de **harissa**
1 c. à c. de **cumin**
  en poudre
1,2 litre de **bouillon**
  de légumes (page 13)
sel et **poivre**
2 c. à s. de **coriandre**
  ciselée pour décorer

Versez les lentilles dans un bol d'eau. Faites chauffer l'huile dans une grande casserole et faites revenir les oignons, l'ail et le céleri à feu doux jusqu'à ce qu'ils soient fondus.

Égouttez les lentilles et ajoutez-les dans la casserole avec les tomates. Mélangez bien. Ajoutez le piment, si vous l'utilisez, le paprika, la harissa, le cumin et le bouillon de légumes, puis salez et poivrez. Couvrez et laissez mijoter 40 à 50 minutes environ jusqu'à ce que les lentilles soient tendres, en ajoutant du bouillon de légumes ou de l'eau si la soupe devient trop épaisse.

Servez la soupe sans attendre dans des bols chauds, saupoudrez-la d'un peu de coriandre ciselée.

Pour une soupe épicée aux haricots blancs et à la coriandre, faites revenir l'oignon, l'ail et le céleri dans l'huile comme ci-dessus. Égouttez 850 g de gros haricots blancs en boîte, puis ajoutez-les dans la casserole avec le piment, du sel et du poivre, et le bouillon de légumes comme ci-dessus. Laissez mijoter 40 à 50 minutes, puis écrasez grossièrement une partie des haricots pour épaissir la soupe. Terminez avec 2 cuillerées à soupe de coriandre fraîche ciselée et 4 cuillerées à soupe de persil frais ciselé.

soupe d'été aux petits pois

Pour **4 personnes**
Préparation **10 minutes**
(plus si vous écossez
les petits pois frais)
Cuisson **15 minutes**
environ

1 c. à s. de **beurre**
1 botte d'**oignons verts**
hachés
1,25 kg de **petits pois**
frais, écossés,
ou 500 g surgelés
750 ml de **bouillon**
de légumes (page 13)
2 c. à s. de **yaourt nature**
épais ou de **crème fraîche**
noix de muscade
1 c. à s. de **ciboulette**
ciselée + 2 ciboulettes
entières pour décorer

Faites fondre le beurre dans une grande casserole et faites suer les oignons verts, sans les laisser brunir. Ajoutez les petits pois et le bouillon de légumes. Portez à ébullition et laissez cuire 5 minutes environ pour des petits pois surgelés, et 15 minutes s'ils sont frais. Ne faites pas trop cuire les petits pois frais car cela leur ferait perdre leur saveur.

Ôtez du feu et mixez. Ajoutez le yaourt ou la crème fraîche et un peu de noix de muscade râpée. Réchauffez doucement si nécessaire et servez parsemé de ciboulette.

Pour une soupe aux fèves et aux petits pois à la menthe, faites revenir les oignons verts dans le beurre comme ci-dessus, puis ajoutez 625 g de petits pois frais écossés et 625 g de fèves fraîches écossées (ou 250 g de chaque s'ils sont surgelés), 2 tiges de menthe fraîche et le bouillon de légumes. Laissez mijoter comme ci-dessus, puis mixez et réchauffez. Servez dans des bols avec 4 cuillerées à soupe de crème fraîche épaisse et quelques minuscules fragments de feuilles de menthe.

bouillon de Saint-Jacques au brocoli

Pour **4 personnes**
Préparation **10 minutes**
Cuisson **40 minutes**
   environ

1,2 litre de **bouillon**
   de légumes ou **de poule**
   (pages 13 et 10)
25 g de **gingembre** frais,
   épluché et découpé en fins
   bâtonnets (conservez
   les pelures)
1 c. à s. de **sauce soja**
3 **oignons verts** coupés
   en fines tranches en biais
500 g de **brocoli** nettoyé
   et détaillé en fleurettes
1 petit **piment rouge**,
   épépiné et émincé
   (facultatif)
12 grosses **noix de Saint-**
   Jacques avec corail
quelques gouttes de **sauce**
   de poisson thaïe
le **jus** de ½ **citron vert**
huile de sésame pour servir

Versez le bouillon dans une grande casserole avec les pelures de gingembre et laissez bouillir 15 minutes. Réservez et laissez infuser 15 minutes de plus.

Filtrez le bouillon au-dessus d'une casserole propre. Ajoutez la sauce soja, les bâtonnets de gingembre, les oignons verts, le brocoli et le piment, si vous en mettez, et laissez mijoter 5 minutes.

Ajoutez les noix de Saint-Jacques, laissez mijoter encore 3 minutes, le temps qu'elles cuisent. Assaisonnez avec la sauce de poisson thaïe et le jus de citron vert.

Retirez les noix de Saint-Jacques de la soupe à l'aide d'une écumoire et répartissez-les dans des bols. Répartissez le brocoli et versez le bouillon chaud par-dessus. Servez sans attendre avec quelques gouttes d'huile de sésame.

Pour un bouillon de fruits de mer et de brocoli,

préparez le bouillon comme ci-dessus en remplaçant les noix de Saint-Jacques par 200 g de fruits de mer surgelés, incluant des rondelles de calamars, des moules et des crevettes. Décongelez-les dans une passoire, rincez-les à l'eau froide, égouttez-les, puis ajoutez-les au bouillon. Faites cuire 3 à 4 minutes, le temps que ce soit très chaud, puis servez dans des bols.

soupes du monde entier

soupe écossaise

Pour **6 personnes**
Préparation **25 minutes**
Cuisson **40 minutes**

25 g de **beurre**
1 **oignon** haché
    grossièrement
500 g de **pommes de terre**
    coupées en dés
1 gros **églefin d'Écosse**
    ou 300 g de **haddock**
1 feuille de **laurier**
900 ml de **bouillon
    de poisson** (page 13)
150 ml de **lait**
6 c. à s. de **crème fraîche
    épaisse**
sel et poivre
persil ciselé pour décorer

Faites chauffer le beurre dans une casserole et faites fondre l'oignon 5 minutes à feu doux. Ajoutez les pommes de terre et mélangez-les dans le beurre avec l'oignon, puis couvrez et laissez cuire 5 minutes. Disposez l'églefin par-dessus, ajoutez le laurier et le bouillon de poisson. Salez et poivrez, puis portez à ébullition.

Couvrez et laissez mijoter 30 minutes. Sortez le poisson à l'aide d'une écumoire et posez-le sur une assiette. Jetez le laurier.

Ôtez l'arête centrale et la tête du poisson avec la pointe d'un couteau. S'il s'agit d'un églefin, retirez la peau, puis émiettez la chair. S'il s'agit d'un filet de haddock, ôtez la peau et vérifiez qu'il n'y a pas d'arêtes avant d'émietter le poisson. Remettez deux tiers du poisson dans la casserole puis mixez la soupe, en plusieurs fois. Remettez dans la casserole et incorporez le lait et la crème fraîche. Portez tout juste à ébullition, puis réchauffez à feu doux.

Versez dans des bols, émiettez le reste de poisson par-dessus et saupoudrez de persil ciselé.

Pour une soupe écossaise au jambon et au haddock, faites revenir 6 tranches épaisses de poitrine fumée coupées en dés, en même temps que les pommes de terre. Ajoutez le haddock, le laurier, le bouillon, assaisonnez et laissez mijoter comme ci-dessus. Retirez le poisson de la soupe et émiettez-le avant de le remettre dans la casserole avec le lait et la crème fraîche. Servez tel quel, décoré de ciboulette ciselée.

soupe cajun aux haricots rouges

Pour **6 personnes**
Préparation **25 minutes**
 + 1 nuit de trempage
Cuisson **1 heure**

2 c. à s. d'**huile
 de tournesol**
1 gros **oignon** haché
1 **poivron rouge** coupé
 en deux, évidé et coupé
 en dés
1 **carotte** coupée en dés
1 **pomme de terre** coupée
 en dés
2 ou 3 gousses d'**ail**
 hachées (facultatif)
2 c. à c. d'**épices cajun**
400 g de **tomates
 concassées** en boîte
1 c. à s. de **sucre brun**
1 litre de **bouillon
 de légumes** (page 13)
425 g de **haricots rouges**
 en boîte, égouttés
50 g de **gombos** émincés
50 g de **haricots verts**
 coupés en petits tronçons
sel et **poivre**

Faites chauffer l'huile dans une grande poêle et faites fondre l'oignon 5 minutes. Ajoutez le poivron, la carotte, la pomme de terre et l'ail éventuellement, et faites revenir 5 minutes. Incorporez les épices cajun, les tomates, le sucre et le bouillon de légumes. Salez et poivrez généreusement, puis portez à ébullition.

Ajoutez les haricots égouttés et mélangez bien. Portez à ébullition, puis couvrez et laissez mijoter 45 minutes jusqu'à ce que les légumes soient tendres.

Ajoutez les légumes verts, couvrez et laissez cuire 5 minutes. Servez la soupe dans des bols et accompagnez-la de pain croustillant.

Pour une soupe hongroise aux haricots rouges et au paprika, préparez-la comme ci-dessus en remplaçant les épices cajun par 1 cuillerée à café de paprika. Laissez mijoter 45 minutes, supprimez les légumes verts, puis mixez et réchauffez. Versez dans des bols et servez avec 2 cuillerées à soupe de crème aigre et quelques graines de cumin.

chowder aux fruits de mer

Pour **6 personnes**
Préparation **40 minutes**
Cuisson **35 minutes**

25 g de **beurre**
½ botte d'**oignons verts**
  nettoyés, éminçés,
  vert et blanc séparés
200 g de **pommes de terre**
  coupées en dés
300 ml de **bouillon**
  de poisson (page 13)
1 grande feuille de **laurier**
150 g de **haddock**
150 g d'**églefin**
  ou de **cabillaud**
50 g de **maïs** surgelé
200 g de **fruits de mer**
  surgelés, décongelés,
  rincés et égouttés
300 ml de **lait**
150 ml de **crème fraîche**
  épaisse
2 c. à s. de **persil** ciselé
sel et **poivre**
6 gros **pains ronds** ouverts
  et évidés (facultatif)

Faites chauffer le beurre dans une casserole et faites revenir le blanc des oignons verts et les pommes de terre. Couvrez et laissez cuire 10 minutes, en remuant de temps en temps.

Versez le bouillon de poisson, ajoutez le laurier, puis disposez le poisson par-dessus. Salez et poivrez. Portez à ébullition, couvrez et laissez mijoter 20 minutes. Retirez le poisson à l'aide d'une écumoire, posez-le sur une assiette et ôtez la peau. Émiettez la chair en retirant les arêtes.

Remettez le poisson dans la casserole, ajoutez le vert des oignons, le maïs surgelé, les fruits de mer décongelés et le lait. Portez à ébullition, puis couvrez et laissez cuire 5 minutes. Jetez le laurier. Incorporez la crème fraîche, le persil puis goûtez et rectifiez l'assaisonnement. Portez à ébullition, puis servez dans les pains évidés. Mangez la soupe à la petite cuillère et terminez par le pain.

Pour un chowder au poulet et au maïs, faites revenir 5 minutes la chair de 6 cuisses de poulet, désossées et sans la peau, coupée en dés, avec le blanc des oignons verts. Ajoutez 200 g de pommes de terre coupées en dés, puis couvrez et faites revenir 5 minutes. Versez 300 ml de bouillon de poule, ajoutez 1 feuille de laurier et assaisonnez. Couvrez et laissez mijoter 30 minutes à feu doux. Ajoutez le vert des oignons, le maïs surgelé, 50 g de jambon cuit coupé en dés et le lait. Laissez cuire 5 minutes, puis incorporez la crème fraîche épaisse. Servez dans des pains évidés ou dans des bols.

pho vietnamien au bœuf

Pour **6 personnes**
Préparation **15 minutes**
Cuisson **45 minutes**
  environ

1 c. à c. d'**huile
  de tournesol**
1 c. à c. de **poivre
  du Sichuan** grossièrement
  écrasé
1 brin de **citronnelle** ciselé
1 bâton de **cannelle** brisé
  en morceaux
2 **anis étoilés**
4 cm de **gingembre** frais
  épluché, émincé
1 petit bouquet
  de **coriandre**
1,5 litre de **bouillon
  de bœuf** (page 12)
1 c. à s. de **sauce
  de poisson**
le **jus** de 1 **citron vert**
100 g de **vermicelles de riz**
250 g de **rumsteck**
  dégraissé, coupé en fines
  lanières
100 g de **germes de soja**,
  rincés
4 **oignons verts** émincés
1 gros **piment rouge doux**
  émincé

Faites chauffer l'huile dans une casserole, ajoutez les grains de poivre, la citronnelle, la cannelle, l'anis étoilé et le gingembre puis faites revenir 1 minute. Coupez les tiges de coriandre et ajoutez-les dans la casserole avec le bouillon de bœuf. Portez à ébullition en remuant, puis couvrez et laissez mijoter 40 minutes.

Filtrez le bouillon de bœuf et remettez-le dans la casserole. Incorporez la sauce de poisson et le jus de citron vert. Faites cuire les vermicelles dans une casserole d'eau bouillante selon les indications du paquet, puis égouttez-les et répartissez-les dans 6 bols individuels. Ajoutez la viande dans la casserole de soupe et faites cuire 1 ou 2 minutes. Répartissez les germes de soja, les oignons verts et le piment dans les bols puis versez la soupe par-dessus et terminez avec les feuilles de coriandre restantes, ciselées.

Pour une soupe vietnamienne aux crevettes,

préparez le bouillon parfumé comme ci-dessus avec 1,5 litre de bouillon de poule ou de légumes (pages 10 et 13) et 2 feuilles de kaffir à la place de la cannelle. Laissez mijoter 40 minutes, puis égouttez et terminez comme ci-dessus, en remplaçant le rumsteck par 200 g de crevettes décortiquées et 150 g de champignons de Paris coupés en lamelles. Laissez cuire 4 à 5 minutes jusqu'à ce que les crevettes soient roses. Terminez avec les germes de soja et le piment comme ci-dessus.

avgolomeno grec au poulet

Pour **6 personnes**
Préparation **10 minutes**
Cuisson **15 à 20 minutes**

2 litres de **bouillon de poule**
  (page 10)
125 g d'**orzo** ou de **risoni,**
  ou autres **petites pâtes**
25 g de **beurre**
25 g de **farine**
4 **jaunes d'œufs**
le **zeste** râpé
  et le **jus** de 1 **citron**
sel et **poivre**

Pour servir (facultatif)
125 g de **poulet cuit** coupé
  en fines lanières
zeste de citron
feuilles d'**origan**
quartiers de **citron**

Portez le bouillon de poule à ébullition et faites-y cuire les pâtes 8 à 10 minutes environ. Pendant ce temps, faites chauffer le beurre dans une petite casserole, incorporez la farine, puis versez progressivement 2 louches de bouillon chaud. Portez à ébullition en remuant. Retirez du feu.

Mélangez les jaunes d'œufs avec le zeste de citron et un peu de sel et de poivre dans un petit bol. Incorporez le jus de citron puis la sauce de la petite casserole en remuant constamment.

Quand les pâtes sont cuites, incorporez 1 ou 2 autres louches de bouillon dans la préparation au citron, puis versez-la sur les pâtes. (N'ajoutez pas les œufs et le citron directement dans les pâtes car la consistance en serait modifiée.) Mélangez bien, puis servez dans des assiettes à soupe avec du poulet, du zeste de citron et des feuilles d'origan ciselées. Accompagnez de quartiers de citron.

Pour un avgolomeno au cabillaud, portez à ébullition 2 litres de bouillon de poisson filtré dans une grande casserole, puis ajoutez 125 g de petites pâtes et 625 g de filet de cabillaud sans la peau. Laissez mijoter 8 à 10 minutes le temps que les deux soient cuits. Retirez la peau et les arêtes du poisson, puis émiettez-le. Préparez la sauce au beurre et à la farine comme ci-dessus, puis incorporez un peu de bouillon ainsi que le mélange de jaunes d'œufs et de zeste de citron. Ajoutez-les aux pâtes et au poisson, puis servez dans des bols avec de la ciboulette ou du cerfeuil ciselé.

soupe piquante aux champignons

Pour **4 à 6 personnes**
Préparation **5 à 10 minutes**
Cuisson **15 minutes**
environ

1,2 litre de **bouillon
de poisson** (page 13)
1 branche de **citronnelle**
légèrement écrasée
3 **feuilles de citronnier
kaffir** séchées ou 3 lanières
de **zeste de citron vert**
2 **piments rouges thaïs**
coupés en deux
et épépinés
2 c. à s. de **jus de citron
vert**
1 à 2 c. à s. de **sauce
de poisson thaïe**
50 g de **pousses
de bambou** en boîte
125 g de **pleurotes**
2 **oignons verts** émincés
½ **piment rouge** tranché
pour garnir

Versez le bouillon de poisson dans une casserole, ajoutez la citronnelle, les feuilles de kaffir ou le zeste de citron vert et les piments. Laissez cuire 10 minutes. Filtrez le bouillon au-dessus d'une casserole propre. Jetez le contenu de la passoire en conservant cependant un peu de piment rouge.

Ajoutez le jus de citron vert et la sauce de poisson thaïe au bouillon avec les pousses de bambou, les pleurotes et le piment réservé. Faites cuire 5 minutes. Versez la soupe dans des bols individuels et saupoudrez d'oignons verts. Garnissez de lamelles de piment rouge frais.

Pour une soupe végétarienne piquante aux tomates, préparez la soupe comme ci-dessus, en remplaçant le bouillon de poisson par 1,2 litre de bouillon de légumes (page 13) et la sauce de poisson par 2 cuillerées à soupe de sauce soja. Incorporez 4 tomates épépinées et concassées et 1 ½ poivron rouge épépiné et coupé en dés à la place des champignons.

bouillon de tortellini italien

Pour **6 personnes**
Préparation **10 minutes**
Cuisson **10 minutes**
environ

500 g de **tomates**
1,5 litre de **bouillon**
de poule (page 10)
200 ml de **vin blanc sec**
1 c. à s. de **purée**
de tomates séchées
1 petit bouquet de **basilic**
ciselé grossièrement
300 g de **tortellini aux**
épinards et à la ricotta
ou avec une autre farce
à votre goût
6 c. à s. de **parmesan**
fraîchement moulu
+ un supplément
pour servir
sel et **poivre**

Réalisez deux entailles à la base de chaque tomate avant de les recouvrir d'eau bouillante dans un saladier. Laissez-les tremper 1 minute, puis égouttez-les et pelez-les. Coupez-les en quatre, retirez les graines, puis coupez-les en dés.

Mettez les tomates dans une casserole, ajoutez le bouillon de poule, le vin et la purée de tomates séchées. Salez, poivrez et portez à ébullition. Laissez cuire 5 minutes à feu doux.

Ajoutez la moitié du basilic et toutes les pâtes, portez à ébullition et laissez cuire 3 à 4 minutes jusqu'à ce que les pâtes soient *al dente*. Incorporez le parmesan, goûtez et rectifiez l'assaisonnement si nécessaire. Versez dans des bols. Saupoudrez de parmesan râpé et décorez de feuilles de basilic restantes.

Pour un bouillon aux gnocchis et au pesto,

parfumez 1,5 litre de bouillon de poule avec les tomates, le vin et la purée de tomates séchées comme ci-dessus. Ajoutez 2 cuillerées à soupe de pesto et portez à ébullition. Remplacez les tortellini par 300 g de gnocchis et 125 g d'épinards. Laissez mijoter 5 minutes le temps que les gnocchis remontent à la surface et que les épinards ramollissent. Incorporez le parmesan fraîchement râpé et terminez comme ci-dessus.

chorba hongroise

Pour **6 personnes**
Préparation **25 minutes**
Cuisson **2 h 30**

1 c. à s. d'**huile
de tournesol**
500 g de **collier d'agneau**
1 **oignon** haché finement
1 **carotte** coupée
en fines rondelles
150 g de **rutabaga**
coupé en gros morceaux
2 c. à c. de **paprika**
50 g de **riz long grain**
1 petit bouquet d'**aneth**
ciselé + un peu
pour décorer
1,5 litre de **bouillon
d'agneau** (page 12)
4 à 6 c. à s. de **vinaigre
de vin rouge**
2 c. à s. de **sucre brun**
2 **œufs**
sel et **poivre**

Faites chauffer l'huile dans une grande casserole, ajoutez l'agneau et faites-le brunir d'un côté. Retournez la viande et ajoutez l'oignon, la carotte et le rutabaga. Poursuivez la cuisson le temps que la viande soit dorée des deux côtés.

Saupoudrez de paprika et faites revenir brièvement avant d'ajouter le riz, l'aneth, le bouillon d'agneau, le vinaigre et le sucre. Salez et poivrez généreusement. Portez à ébullition en remuant, puis couvrez et laissez mijoter 2 h 30 jusqu'à ce que l'agneau soit très tendre.

Retirez la viande de la casserole à l'aide d'une écumoire, placez-la sur une planche, ôtez le gras et les os, puis découpez-la en petits morceaux. Remettez la viande dans la casserole. Battez les œufs dans un bol et incorporez progressivement 1 louche de soupe chaude, puis ajoutez-les dans la casserole. Faites épaissir légèrement à feu doux, sans faire bouillir, car les œufs pourraient tourner. Goûtez et ajoutez du sel, du poivre et du vinaigre si nécessaire. Garnissez avec de l'aneth ciselé et versez dans des bols. Servez avec des tranches de pumpernickel (pain de seigle allemand).

Pour une chorba au poulet et au chou-rave,
remplacez l'agneau par 6 cuisses de poulet. Ajoutez l'oignon et la carotte, puis 150 g de chou-rave épluché et coupé en dés au lieu du rutabaga. Poursuivez la recette comme ci-dessus et laissez mijoter 1 h 30 seulement.

bouillon thaï aux crevettes

Pour **4 personnes**
Préparation **15 minutes**
Cuisson **10 minutes**
    environ

1,2 litre de **bouillon
    de légumes** (page 13)
2 c. à c. de **pâte de curry
    vert thaïe**
4 **feuilles de citronnier
    kaffir** séchées, ciselées
3 à 4 c. à c. de **sauce
    de poisson thaïe**
2 **oignons verts** émincés
150 g de **champignons
    shiitake** émincés
125 g de **nouilles
    japonaises soba**
½ **poivron rouge** évidé,
    épépiné et coupé en dés
125 g de **pak choi** émincé
250 g de **crevettes**
    surgelées, décongelées
    et rincées
1 petit bouquet
    de **coriandre** ciselée

Versez le bouillon de légumes dans une casserole, ajoutez la pâte de curry, les feuilles de kaffir, la sauce de poisson thaïe, les oignons verts et les champignons. Portez à ébullition et laissez cuire 5 minutes.

Portez à ébullition l'eau d'une seconde casserole, plongez-y les nouilles et laissez cuire 3 minutes.

Ajoutez les ingrédients restants à la soupe et faites chauffer 2 minutes.

Égouttez les nouilles, rincez-les à l'eau chaude courante et répartissez-les dans 4 bols. Versez le bouillon aux crevettes par-dessus et servez immédiatement, accompagné de petits bols de sauce de poisson et de sauce soja.

Pour un bouillon thaï au tamarin, versez le bouillon dans une casserole, ajoutez 2 cuillerées à café de concentré de tamarin, ¼ de cuillerée à café de curcuma et ensuite la pâte de curry et les autres arômes comme ci-dessus. Laissez cuire 5 minutes et poursuivez la recette sans mettre de crevettes.

soupe de poulet au lockshen

Pour **6 personnes**
Préparation **20 minutes**
Cuisson **5 minutes**

2 litres de **bouillon
de poule** (page 10)
150 à 200 g de **poulet cuit**
coupé en petits morceaux
100 g de **lockshen**
(vermicelles)
sel et **poivre**
persil ciselé pour décorer
(facultatif)

Portez à ébullition le bouillon de poule dans une grande casserole, ajoutez le poulet coupé en morceaux et faites chauffer. Pendant ce temps, portez une seconde casserole d'eau à ébullition et faites-y cuire le lockshen 4 à 5 minutes jusqu'à ce qu'il soit cuit.

Égouttez le lockshen et disposez-le en forme de petits nids dans des bols, puis versez la soupe par-dessus. Garnissez d'un peu de persil si vous le souhaitez.

Pour une soupe de poulet au kneidlech, préparez la soupe comme ci-dessus, sans le lockshen. Mettez 125 g de pain azyme dans un bol avec 1 pincée de gingembre moulu, du sel, du poivre et 1 œuf battu. Ajoutez 1 cuillerée à soupe de margarine végétale, puis mélangez 5 à 6 cuillerées à soupe de bouillon de poule chaud ou d'eau chaude pour réaliser une pâte. Façonnez 20 petites boules, puis laissez reposer 1 heure au réfrigérateur. Plongez-les dans une casserole d'eau frémissante et faites pocher 25 minutes jusqu'à ce qu'elles aient une consistance spongieuse et remontent à la surface. Égouttez et ajoutez dans les bols de soupe au poulet.

soupe ghanéenne aux arachides

Pour **6 personnes**
Préparation **15 minutes**
Cuisson **40 minutes**
  environ

1 c. à s. d'**huile**
  de tournesol
1 **oignon** haché finement
2 **carottes** coupées en dés
500 g de **tomates** pelées,
  si vous le souhaitez,
  et coupées grossièrement
½ c. à c. de **piri piri**
  ou de **piment en poudre**
100 g de **cacahuètes**
  grillées et salées
1 litre de **bouillon**
  de poisson ou
  de légumes (page 13)

Pour servir
piment en poudre
cacahuètes concassées

Faites chauffer l'huile dans une casserole et faites revenir l'oignon et les carottes 5 minutes, en remuant, jusqu'à ce qu'ils aient fondu et commencent à dorer sur les côtés. Incorporez les tomates et le piri piri puis laissez 1 minute sur le feu.

Broyez les cacahuètes avec un moulin à poivre ou au robot pour obtenir de la poudre. Incorporez-les dans les tomates, ajoutez le bouillon et portez à ébullition. Couvrez et laissez mijoter 30 minutes. Écrasez la moitié de la soupe puis réchauffez-la. Goûtez et rectifiez l'assaisonnement. Versez dans des bols avec le piment et les cacahuètes concassées. Servez avec des boulettes de pomme de terre (voir ci-dessous).

Pour réaliser des boulettes de pomme de terre

à servir avec la soupe, épluchez et coupez en morceaux 750 g de pommes de terre et faites-les cuire 20 minutes dans une casserole d'eau bouillante. Égouttez-les et écrasez-les avec 3 cuillerées à soupe de lait, un peu de sel et de poivre. Formez des boulettes et servez-les à part.

mulligatawny au poulet

Pour **6 personnes**
Préparation **15 minutes**
Cuisson **1 h 15 environ**

1 c. à s. d'**huile
de tournesol**
1 **oignon** finement haché
1 **carotte** coupée en dés
1 **pomme** épluchée
et coupée en dés
2 gousses d'**ail** hachées
finement
250 g de **tomates** pelées,
si vous le souhaitez,
coupées en gros morceaux
4 c. à c. de **pâte de curry
doux**
50 g de **raisins de Smyrne**
125 g de **lentilles rouges**
1,5 litre de **bouillon
de légumes** (page 13)
125 g de restes de **poulet
cuit**, coupés en petits
morceaux
sel et **poivre**
coriandre fraîche
pour décorer

Faites chauffer l'huile dans une casserole et faites revenir l'oignon et la carotte 5 minutes, en remuant, jusqu'à ce qu'ils soient fondus et commencent à se colorer. Incorporez la pomme, l'ail, les tomates et la pâte de curry puis faites revenir 2 minutes.

Incorporez les raisins secs, les lentilles et le bouillon de légumes. Salez, poivrez puis portez à ébullition. Couvrez et laissez mijoter 1 heure, le temps que les lentilles soient ramollies. Écrasez la soupe en purée. Ajoutez les restes de poulet cuits, faites chauffer, goûtez et rectifiez l'assaisonnement. Versez dans des bols et garnissez de coriandre. Servez avec des pains naan chauds ou des pappadums.

Pour un mulligatawny de carottes aux agrumes, faites revenir l'oignon 5 minutes dans 2 cuillerées à soupe d'huile de tournesol avec 500 g de carottes coupées en dés. Supprimez les cinq ingrédients suivants (pommes, ail, tomates, pâte de curry, raisins de Smyrne), puis ajoutez les lentilles corail, le zeste râpé et le jus de 1 orange et de ½ citron et 1,5 litre de bouillon de légumes (page 13). Portez à ébullition, couvrez et laissez mijoter 1 heure. Écrasez en purée puis réchauffez et rectifiez l'assaisonnement. Servez avec des croûtons (page 15).

soupe spéciale londonienne

Pour **6 personnes**
Préparation **25 minutes**
+ trempage
Cuisson **1 h 20**

300 g de **pois cassés verts
secs**, trempés la nuit
dans de l'eau froide
25 g de **beurre**
4 tranches épaisses
de **poitrine fumée**
coupées en dés
1 **oignon** haché
grossièrement
1 **carotte** coupée en dés
2 branches de **céleri**
coupées en dés
1,5 litre de **bouillon
de jambon** ou de **poule**
(pages 10 et 11)
sel et **poivre**

Pour servir
1 poignée de **persil** ciselé
4 tranches épaisses
de **poitrine fumée**

Égouttez les pois cassés dans une passoire. Faites chauffer le beurre dans une grande casserole et faites revenir la poitrine fumée et l'oignon 5 minutes. Ajoutez la carotte et le céleri et poursuivez la cuisson encore 5 minutes, en remuant jusqu'à ce qu'ils soient dorés.

Ajoutez les pois cassés et le bouillon puis portez à ébullition en remuant. Laissez bouillir 10 minutes à grand feu, puis réduisez le feu, couvrez et laissez mijoter 1 heure jusqu'à ce que les pois soient cuits.

Laissez légèrement refroidir la soupe, puis moulinez-en la moitié, en plusieurs fois, à l'aide d'un robot de cuisine. Remettez-la dans la casserole et réchauffez. Salez et poivrez selon votre goût.

Versez la soupe dans des bols, puis saupoudrez de persil et de poitrine fumée.

Pour un bouillon aux pois mélangés, faites tremper 300 g de pois mélangés (pois cassés jaunes et verts, orge perlée et lentilles rouges) la nuit dans de l'eau froide. Préparez la soupe comme ci-dessus, en remplaçant les pois cassés verts par ce mélange. Servez avec 4 tranches de pain blanc grillées et tartinées avec du beurre d'anchois (mixez 25 g de beurre, 2 cuillerées à café de pâte d'anchois ou 3 anchois en conserve finement hachés et égouttés).

soupe à la tomate et au pain

Pour **4 personnes**
Préparation **10 minutes**
Cuisson **35 minutes**

1 kg de **tomates en grappe**,
bien mûres, pelées,
épépinées et hachées
300 ml de **bouillon**
de légumes (page 13)
6 c. à s. d'**huile d'olive**
vierge extra
2 gousses d'**ail** écrasées
1 c. à c de **sucre**
2 c. à s. de **basilic** ciselé
100 g de **pain ciabatta**
1 c. à s. de **vinaigre**
balsamique
sel et **poivre**
basilic pour décorer

Disposez les tomates dans une casserole avec le bouillon de légumes, 2 cuillerées à soupe d'huile d'olive, l'ail, le sucre et le basilic puis portez progressivement à ébullition. Couvrez et laissez mijoter 30 minutes à feu doux.

Émiettez le pain ciabatta dans la soupe et faites-la épaissir à feu doux en remuant. Incorporez le vinaigre et le reste d'huile d'olive. Salez et poivrez. Servez sans attendre ou laissez refroidir à température ambiante si vous préférez. Décorez de feuilles de basilic.

Pour une soupe de tomates et de pain aux poivrons grillés, coupez en deux 1 poivron rouge et 1 poivron orange, épépinez-les et posez-les dans une poêle-gril, côté coupé vers le bas, enduits de 1 cuillerée à soupe d'huile d'olive. Faites griller 10 minutes, le temps que la peau noircisse. Enroulez-les dans du papier d'aluminium et laissez-les refroidir. Pelez les poivrons puis émincez-les. Ajoutez-les dans une casserole avec 1,5 kg de tomates pelées et épépinées et le bouillon, l'huile d'olive, l'ail, le sucre et le basilic comme ci-dessus. Portez à ébullition puis terminez comme ci-dessus.

soupe des Caraïbes aux poivrons

Pour **6 personnes**
Préparation **20 minutes**
Cuisson **50 minutes**
environ

2 c. à s. d'**huile d'olive**
1 **oignon** haché finement
1 **piment lampion**
épépiné, haché finement
ou 2 **piments rouges**
thaïs hachés avec
leurs graines
2 **poivrons rouges** évidés,
épépinés et coupés en dés
2 gousses d'**ail** hachées
finement
1 grosse **carotte** coupée
en dés
200 g de **pommes de terre**
coupées en dés
1 feuille de **laurier**
1 brin de **thym**
400 ml de **lait de coco**
entier en boîte
600 ml de **bouillon de bœuf**
(page 12)
sel et **poivre de Cayenne**

Pour servir
200 g de **filet de bœuf**
2 c. à c. d'**huile d'olive**

Faites chauffer l'huile d'olive dans une casserole et faites revenir l'oignon 5 minutes à feu doux jusqu'à ce qu'il commence à se colorer. Incorporez le piment, les poivrons rouges, l'ail, la carotte, les pommes de terre, le laurier et le thym puis faites revenir 5 minutes, en remuant.

Versez le lait de coco et le bouillon de bœuf, puis salez et poivrez au poivre de Cayenne. Portez à ébullition en remuant, couvrez et laissez mijoter 30 minutes jusqu'à ce que les légumes soient tendres. Jetez les herbes, puis goûtez et rectifiez l'assaisonnement.

Enduisez le bœuf d'huile d'olive et assaisonnez légèrement de sel et de poivre de Cayenne. Faites chauffer une poêle et faites revenir le bœuf 2 à 5 minutes de chaque côté. Laissez reposer 5 minutes, puis coupez-le en tranches fines. Versez la soupe dans des bols, garnissez de tranches de bœuf et servez avec du pain croustillant.

Pour une soupe aux crevettes et aux épinards,
préparez la soupe comme ci-dessus avec 600 ml de bouillon de poisson (page 13) à la place du bouillon de bœuf. Laissez mijoter 30 minutes, puis ajoutez 200 g de crevettes crues décortiquées, décongelées si elles sont surgelées, et 125 g d'épinards. Faites cuire 3 à 4 minutes jusqu'à ce que les crevettes soient roses et bien cuites et les épinards ramollis.

soupe à l'oignon

Pour **4 personnes**
Préparation **15 minutes**
Cuisson **1 heure**

25 g de **beurre**
2 c. à s. d'**huile d'olive**
500 g de gros **oignons**
  coupés en deux
  puis en fines tranches
1 c. à s. de **sucre semoule**
3 c. à s. de **xérès**
150 ml de **vin rouge**
1 litre de **bouillon de bœuf**
  (page 12)
1 feuille de **laurier**
sel et **poivre**

Croûtons à l'ail
  et au fromage
4 à 8 tranches de **pain**
  de campagne
1 gousse d'**ail**
40 g de **gruyère** râpé

Faites chauffer le beurre et l'huile d'olive dans une casserole, ajoutez les oignons et faites-les revenir 20 minutes à feu très doux, en remuant de temps en temps, jusqu'à ce qu'ils soient fondus.

Incorporez le sucre et faites revenir les oignons 20 minutes de plus, jusqu'à ce que les oignons prennent une belle couleur caramélisée. Ajoutez le xérès et, lorsqu'il bouillonne, flambez-le avec une longue allumette.

Dès que les flammes disparaissent, ajoutez le vin, le bouillon de bœuf, le laurier, du sel et du poivre, puis portez à ébullition. Couvrez et laissez mijoter 20 minutes. Goûtez et rectifiez l'assaisonnement si nécessaire.

Faites griller le pain sur les deux faces, puis frottez-le avec une gousse d'ail coupée en deux. Saupoudrez de fromage et remettez sous le gril, le temps que le fromage bouillonne. Versez la soupe dans des bols et servez accompagné de tartines au fromage.

Pour une soupe aux pommes et à l'oignon,
faites revenir les oignons comme ci-dessus et ajoutez 1 petite pomme épluchée et râpée en même temps que le sucre. Lorsque les oignons sont caramélisés, versez 3 cuillerées à soupe de calvados et flambez-le, puis ajoutez 150 ml de cidre sec, 1 litre de bouillon de poule et 2 brins de thym frais. Laissez mijoter 20 minutes. Servez avec des toasts aillés au camembert fondu saupoudrés d'un peu de thym.

bortsch russe

Pour **6 personnes**
Préparation **15 minutes**
Cuisson **55 minutes**

25 g de **beurre**
1 c. à s. d'**huile
de tournesol**
1 **oignon** haché finement
375 g de **betterave** crue
nettoyée, épluchée et
coupée en dés
2 **carottes** coupées en dés
2 branches de **céleri**
coupées en dés
150 g de **chou rouge**,
nettoyé et haché
300 g de **pommes de terre**
coupées en dés
2 gousses d'**ail** hachées
finement
1,5 litre de **bouillon
de bœuf** (page 12)
1 c. à s. de **concentré
de tomates**
6 c. à s. de **vinaigre
de vin rouge**
1 c. à s. de **sucre brun**
2 feuilles de **laurier**
sel et **poivre**
200 ml de **crème aigre**
ou de **crème fraîche**
1 petit bouquet d'**aneth**

Faites chauffer le beurre et l'huile dans une casserole et faites fondre l'oignon 5 minutes. Ajoutez la betterave, les carottes, le céleri, le chou rouge, les pommes de terre et l'ail puis faites revenir 5 minutes en remuant souvent.

Incorporez le bouillon de bœuf, le concentré de tomates, le vinaigre et le sucre. Ajoutez le laurier, salez et poivrez généreusement. Portez à ébullition, puis couvrez et laissez mijoter 45 minutes jusqu'à ce que les légumes soient tendres. Jetez le laurier, puis goûtez et rectifiez l'assaisonnement si nécessaire.

Servez dans des bols avec de la crème aigre ou fraîche, de l'aneth ciselé et un peu de poivre noir. Accompagnez de pain de seigle.

Pour un bortsch végétarien aux dumplings, faites tremper 40 g de champignons séchés 15 minutes dans 300 ml d'eau bouillante. Préparez la soupe comme ci-dessus, en remplaçant le bouillon de bœuf par 1,2 litre de bouillon de légumes (page 13) et les champignons avec leur eau de trempage. Pour faire les dumplings, mélangez 125 g de farine, ¼ de cuillerée à café de graines de cumin, du sel et du poivre, 2 œufs battus et suffisamment d'eau pour façonner une pâte. Formez des saucisses, ôtez des petits bouts en pinçant la pâte et ajoutez-les à la soupe en laissant mijoter 10 minutes. Au moment de servir, ne mettez pas de crème ni d'aneth.

soupe aux nouilles et au tofu

Pour **2 personnes**
Préparation **15 minutes**
  + 10 minutes d'égouttage
Cuisson **10 minutes**

125 g de **tofu ferme**
  coupé en dés
1 c. à s. d'**huile de sésame**
75 g de **nouilles de riz
  larges**, sèches
600 ml de **bouillon
  de légumes** (page 13)
2,5 cm de **gingembre** frais,
  épluché et émincé
1 grosse gousse d'**ail**
  grossièrement hachée
3 **feuilles de citronnier
  kaffir** séchées, coupées
  en deux
2 tiges de **citronnelle**
  coupées en deux
  et légèrement écrasées
1 poignée de feuilles
  d'**épinard** ou de **pak choi**
50 g de **germes de soja**
1 à 2 **piments rouges** frais,
  épépinés et émincés
2 c. à s. de **coriandre**
1 c. à s. de **sauce
  de poisson thaïe**
quartiers de **citron vert**
sauce aux piments
  (facultatif)

Mettez le tofu sur du papier absorbant 10 minutes dans une assiette afin qu'il s'égoutte.

Faites chauffer l'huile de sésame dans un wok et quand elle est bien chaude, faites revenir le tofu 2 à 3 minutes en remuant jusqu'à ce qu'il soit bien doré.

Pendant ce temps, faites tremper les nouilles 2 minutes dans de l'eau bouillante, puis égouttez-les.

Versez le bouillon dans une grande casserole. Ajoutez le gingembre, l'ail, les feuilles de kaffir et la citronnelle, puis portez à ébullition. Réduisez le feu, ajoutez le tofu, les nouilles, les épinards ou le pak choi, les germes de soja et les piments puis faites chauffer. Ajoutez la coriandre et la sauce de poisson thaïe, puis versez la soupe dans de grands bols. Accompagnez de quartiers de citron vert et de sauce aux piments.

Pour une soupe au tofu et au satay, faites revenir le tofu comme ci-dessus. Ajoutez le gingembre et l'ail au bouillon, mais supprimez les feuilles de kaffir et la citronnelle. Incorporez 2 cuillerées à soupe de beurre de cacahuètes avec des morceaux et 1 cuillerée à soupe de sauce soja. Faites cuire 3 minutes, puis ajoutez le tofu, les nouilles, les épinards ou le pak choi, les germes de soja et le piment. Servez avec de la coriandre et des quartiers de citron vert.

chowder au maïs et au poulet

Pour **4 à 6 personnes**
Préparation **15 minutes**
Cuisson **30 minutes**
  environ

25 g de **beurre**
  ou de **margarine**
1 gros **oignon** haché
1 petit **poivron rouge** évidé,
  épépiné et coupé en dés
625 g de **pommes de terre**
  coupées en dés
25 g de **farine**
750 ml de **bouillon
  de poule** (page 10)
175 g de **maïs** surgelé
  ou en boîte
250 g de **poulet cuit** haché
450 ml de **lait**
3 c. à s. de **persil** ciselé
sel et **poivre**
piments rouges émincés
  pour servir

Faites fondre le beurre ou la margarine dans une grande casserole. Faites-y revenir l'oignon, le poivron rouge et les pommes de terre 5 minutes à feu moyen, en remuant de temps en temps.

Saupoudrez de farine et faites revenir 1 minute à feu doux. Incorporez le bouillon de poule petit à petit, et portez à ébullition en remuant. Baissez le feu, couvrez et laissez mijoter 10 minutes.

Incorporez le maïs, le poulet et le lait. Salez et poivrez selon votre goût, couvrez et laissez mijoter 10 minutes de plus, le temps de cuire les pommes de terre. Goûtez et rectifiez l'assaisonnement si nécessaire. Servez le chowder garni de lamelles de piment et de persil.

Pour un chowder au jambon fumé et au maïs, faites revenir l'oignon, le poivron rouge et les pommes de terre dans le beurre comme ci-dessus. Ajoutez la farine, puis incorporez le bouillon de poule et laissez cuire 10 minutes. Pendant ce temps, faites griller 10 minutes 250 g de tranches de jambon fumé, en les retournant une fois, puis ôtez le gras et coupez-les en dés. Incorporez-les dans la soupe avec le maïs, le lait et le persil puis terminez comme ci-dessus.

soupe de poisson basque

Pour **6 personnes**
Préparation **20 minutes**
Cuisson **45 minutes**

2 c. à s. d'**huile d'olive**
1 **oignon** haché finement
½ **poivron vert** évidé,
   épépiné et coupé en dés
½ **poivron rouge** évidé,
   épépiné et coupé en dés
1 **courgette** coupée en dés
2 gousses d'**ail** émincées
250 g de **pommes de terre**
   coupées en morceaux
½ c. à c. de **paprika**
150 ml de **vin rouge**
1 litre de **bouillon**
   de poisson (page 13)
400 g de **tomates**
   concassées en boîte
1 c. à s. de **concentré**
   de tomates
2 **maquereaux** entiers
   vidés, rincés à l'eau froide
sel et **poivre de Cayenne**

Faites chauffer l'huile d'olive dans une grande casserole et faites fondre l'oignon 5 minutes à feu doux. Ajoutez les poivrons, la courgette, l'ail et les pommes de terre puis faites revenir 5 minutes en remuant. Incorporez le paprika et faites revenir 1 minute.

Versez le vin, le bouillon du poisson, les tomates, le concentré de tomates, du sel et du poivre de Cayenne. Portez à ébullition en remuant, puis ajoutez les maquereaux entiers. Couvrez et laissez mijoter 20 minutes.

Retirez les poissons à l'aide d'une écumoire et posez-les dans une assiette. Laissez la soupe sur le feu 15 minutes de plus, à découvert. Retirez la peau des poissons, puis détachez les chairs de l'arête centrale. Émiettez et retirez les arêtes.

Remettez les maquereaux dans la casserole. Réchauffez et servez dans des assiettes à soupe avec des quartiers de citron et du pain croustillant.

Pour une soupe de poisson portugaise, préparez la soupe comme ci-dessus en remplaçant le paprika par 2 feuilles de laurier. Faites revenir 20 minutes sans le poisson, puis remplacez les maquereaux par 500 g de steak de thon, de cabillaud ou de merlu et 250 g de moules nettoyées. Faites cuire 10 minutes jusqu'à ce que les moules soient ouvertes, puis retirez-les ainsi que le poisson. Ôtez la peau et émiettez le poisson. Retirez les coquilles des moules et jetez celles qui sont restées fermées. Remettez le tout dans la casserole et servez la soupe saupoudrée de coriandre ciselée.

annexe

table des recettes

soupes détox

soupes du monde entier

239

  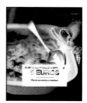 

Découvrez toute la collection :

SIMPLE | **POUR CHAQUE RECETTE,**
PRATIQUE | **UNE VARIANTE**
BON | **EST PROPOSÉE.**

MARABOUT
LES PETITS COSTAUDS CÔTÉ CUISINE